Modernas técnicas
de persuasão

Dados Internacionais de Catalogação na Publicação (CIP)
(Câmara Brasileira do Livro, SP, Brasil)

Moine, Donald J., 1953-
M723m   Modernas técnicas de persuasão: a vantagem oculta
em vendas / Donald J. Moine, John H. Herd [tradução:
Ely Nakayama]. – São Paulo: Summus, 1988.

ISBN 978-85-323-0324-0

1. Vendas – Aspectos psicológicos I. Herd, John
H., 1925- II. Título.

87-2675   CDD-658.85

Índices para catálogo sistemático:

1. Arte de vender : Psicologia aplicada a vendedores   658.85
2. Persuasão aplicada a vendas   658.85
3. Vendedores : Psicologia aplicada   658.85

Compre em lugar de fotocopiar.
Cada real que você dá por um livro recompensa seus autores
e os convida a produzir mais sobre o tema;
incentiva seus editores a encomendar, traduzir e publicar
outras obras sobre o assunto;
e paga aos livreiros por estocar e levar até você livros
para a sua informação e o seu entretenimento.
Cada real que você dá pela fotocópia não autorizada de um livro
financia o crime
e ajuda a matar a produção intelectual de seu país.

Modernas técnicas de persuasão

A vantagem oculta em vendas

Donald J. Moine
John H. Herd

summus
editorial

Do original em língua inglesa
MODERN PERSUASION STRATEGIES
The hidden advantage in selling
Copyright© 1984 by Donald J. Moine and John H. Herd
Direitos desta tradução adquiridos por Summus Editorial

Tradução: **Ely Nakayama**
Revisão técnica: **Heloisa de Melo Martins Costa**
Impressão: **Sumago Gráfica Editorial Ltda.**

Summus Editorial
Departamento editorial:
Rua Itapicuru, 613 – 7º andar
05006-000 – São Paulo – SP
Fone: (11) 3872-3322
Fax: (11) 3872-7476
http://www.summus.com.br
e-mail: summus@summus.com.br

Atendimento ao consumidor:
Summus Editorial
Fone: (11) 3865-9890

Vendas por atacado:
Fone: (11) 3873-8638
Fax: (11) 3873-7085
e-mail: vendas@summus.com.br

Impresso no Brasil

Para Katherine, Debby, Thomas e Claudia.
Para Tony, Molly e Linda.

ÍNDICE

Apresentação da Edição Brasileira	9
Prefácio	11
Introdução	15
PRIMEIRA PARTE — Estabelecendo confiança e *rapport* ...	19
1. A ciência de estabelecer *rapport* e confiança	21
2. Como tirar o melhor proveito de sua voz	33
3. Lidando com opiniões, convicções e objeções diferentes	40
4. Como oferecer informações irresistíveis ao seu ouvinte	46
5. Descobrindo o canal de informação preferido do seu interlocutor	54
SEGUNDA PARTE — Como os clientes querem que você lhes venda	69
6. O êxito com diferentes personalidades	71
7. Descobrindo como o seu cliente compra	76
8. Concentrando-se nos interesses do seu interlocutor ..	85
TERCEIRA PARTE — A lógica da venda	95
9. Utilizando técnicas de ponte para conduzir pessoas ..	97
10. Emprego das modernas estratégias de persuasão: articulações e apagadores mentais	106
11. Novos usos da técnica do sim repetido	117
12. Gatilhos e comandos de ação oculta	128
QUARTA PARTE — As técnicas dos supervendedores	139
13. A última palavra em instrumentos de persuasão: estórias e metáforas	141
14. Humor, surpresa e confusão: divirta-se vendendo ...	150
15. Diluindo as mais fortes objeções	161
16. Transações Excepcionais	171
O treinamento no Brasil	181

APRESENTAÇÃO DA EDIÇÃO BRASILEIRA

Durante minha busca por técnicas de treinamento para empresas que utilizassem Programação Neurolingüística, pesquisei nos Estados Unidos, de costa a costa, dezenas de empresas que utilizavam estas técnicas; participei de treinamentos, verifiquei referências e conversei com executivos de diversas áreas. Encontrei na Association for Human Achievement e em Donald Moine o que existe de mais avançado e eficiente na área de treinamento empresarial.

As várias empresas que adotaram este método aumentaram as suas vendas de maneira significativa, da ordem de 40%, algumas chegando até os incríveis 200%.

Além da área de vendas, excelentes resultados foram obtidos nas áreas de gerenciamento, na de Recursos Humanos, comunicação e funcionamento internos das empresas, solução de conflitos e valorização dos funcionários, acarretando com isso uma maior produtividade, eficiência e harmonia, melhorando a empresa como um todo.

Tive a oportunidade de participar, como conferencista, de um treinamento especialmente criado para o "Home Federal Savings and Loans", um dos maiores e mais importantes bancos da costa oeste americana, dirigido aos gerentes, consultores financeiros e todo o efetivo que lida com o público. Segundo o vice-presidente executivo, "esse treinamento nos colocou cinco anos na frente do nosso planejamento oficial na área de serviços bancários, além de ter elevado o nosso índice de vendas de 1,2 para 3,7. Isto significa que, antes do treinamento, cada novo cliente comprava 1,2 produtos oferecidos pelo Banco e após o treinamento esse número se elevou para 3,7".

Graças à maneira como esse método é assimilado, a sua taxa de retenção e aplicação é considerada excepcional. Neste livro você encontrará algumas das chaves que revelarão o processo de decisão das pessoas com quem você interage, demonstrando não só o que fazer, mas, especificamente, como fazê-lo. Essas técnicas vão lhe mostrar como influenciar pessoas de maneira íntegra e elegante. E também como oferecer informações de uma maneira que tornará mais fácil a sua absorção, compreensão e utilização.

É um prazer para mim apresentar no Brasil este programa inédito que, tenho certeza, aprimorará a competência profissional de quem o utilizar.

Gilberto Craidy Cury
Presidente da
Sociedade Brasileira de
Programação Neurolingüística
UP LEVEL Training Systems

PREFÁCIO

Eu não sou o típico executivo de vendas que você está pensando. Ao menos, penso que não. Aprendi, aos dez anos de idade, como ajudante de leiteiro, a importância de ser a favor do cliente. Esta doutrina do "cliente em primeiro lugar" esteve sempre comigo enquanto auxiliar de sorveteiro, trabalhador em minas de carvão, entregador de jornal, administrador de banca de jornais, aprendiz de instrumentação e talha, comprador de ferramentas para uma das três maiores fábricas de automóveis e, enquanto fundador da minha próspera agência de seguros, na qual trabalhei também como produtor individual de alto nível. Tais experiências, somadas aos 18 anos de trabalho árduo nas multinacionais com o meu atual patrão, conduziram-me à função atual de vice-presidente de vendas de uma das maiores companhias de ferramentas do mundo, com seiscentos funcionários de vendas diretas servindo o mundo livre. No processo, tornei-me novamente um aplicado estudante de vendas, de seus métodos e suas mágicas. O processo é de um fascínio total para mim.

Como agente de compras conheci uma quantidade enorme de vendedores, porém, poucos deixaram uma marca indelével em minha memória graças às suas habilidades profissionais, dedicação e habilidades em estabelecer um relacionamento de confiança. Eles possuíam o que hoje denominamos de "fator único", ou como eu gosto de chamar: "mágica de vendas". Mas, por quê? Porque acreditei que estava em boas mãos quando trabalhava com eles. Eu podia confiar neles pois, de modo geral, foram de encontro às minhas expectativas ou as ultrapassaram. Após a mudança da área de operações para a de vendas, eu me perguntei: "Como poderemos construir deliberadamente uma força de venda tendo em mãos aquele fator único?"

Nossa busca se iniciou com o exame de vários cursos famosos sobre vendas no país. Estes eram de alta qualidade. Fomos convidados a testá-los em pequenas partes do nosso grupo. A aceitação, por parte de nossos funcionários, e os resultados não foram os que estávamos esperando e continuamos nossa busca. Durante este processo, soube de uma experiência interessante conduzida por uma divisão industrial de um grande fabricante de utensílios. Eles designavam seus novos representantes de vendas para aprender com aqueles que tivessem melhores resultados em vendas, andando junto com eles. Esperavam que as habilidades especiais dos vendedores veteranos fossem transferidas por osmose aos iniciantes. Na maior parte do tempo, não era isto que acontecia. Os novatos assimilavam, fundamentalmente, aquilo que poderiam ter aprendido em qualquer bom curso sobre vendas. Então, *o que acontecia com a mágica?* *O que acontecia com o fator ímpar?*

Neste ínterim, recebi um chamado de John Herd, um conhecido de longa data do ramo de negócios. Ele me pediu meia hora do meu tempo para que pudéssemos trocar algumas idéias. Como já havíamos trabalhado juntos, com êxito, em dois projetos anteriores, eu estava receptivo às suas sugestões. Aquele encontro transformou-se em uma reunião das mais importantes, pois ele descreveu aquilo que estávamos procurando sem sabermos que existia! Ele apenas não o denominou de mágica de vendas; ele o chamou de lógica de vendas. Ele me perguntou: "Os seus funcionários reclamaram que a abordagem lógica da investigação não funciona tão bem quanto antes?" "Sim", eu respondi. "Os seus funcionários concordariam com a afirmação de que o processo de vendas é muito mais do que um processo racional e que se trata, basicamente, de um processo emocional?" "Sim", eu disse, "levando-se em conta as decisões por vezes ilógicas que pessoas racionais parecem tomar". "Você gostaria de fazer uma série de programas-piloto com o nosso pessoal para testar as suas reações e a aceitação?" "Sim".

Hoje, exatamente seis meses após o nosso primeiro programa-piloto, quatrocentos vendedores dos Estados Unidos e do Canadá, assim como os gerentes gerais da Europa passaram por um programa de vendas sob encomenda. Nossas vendas aumentaram de maneira impressionante. Mantemos a nossa parte no mercado com um número muito menor de pessoas... num preço tremendamente competitivo. Nossos pedidos voltaram ao nível de pré-recessão. Certamente, uma parte dessa reviravolta é o resultado da melhora no clima econômico. Mas, por si só, não explica a magnitude da volta à posição anterior.

Acredito que seja o treino especial que tivemos de John Herd e Don Moine, descrito neste livro, que fez a grande diferença. Os nossos vendedores não somente aceitaram de imediato essa nova informação, mas foram capazes de sair em campo e usá-la com êxito. Eles começaram a interpretar as pessoas de uma nova maneira; começaram a observar e a ouvir melhor; sua percepção para vendas aumentou. Atingiram as necessidades, os sentimentos e as metas dos clientes; foram capazes de modificar certos hábitos de alguns de seus clientes; adquiriram maior consciência de suas próprias personalidades e das personalidades das pessoas que visitam; obtiveram uma perspectiva melhor do aspecto teatral de uma entrevista de vendas e sabem o que fazer para que o resultado seja positivo para todos os interessados. Agora eles possuem a verdadeira "Mágica de Vendas" e, além do mais, *sabem que possuem a tal mágica!*

The Valeron Corporation
William J. Herman
Vice-presidente
vendas para o mundo todo
20 de fevereiro de 1984

INTRODUÇÃO

De modo geral, uma introdução tem como propósito dizer quais os benefícios que você terá com o livro que está lendo, os problemas por ele levantados e como resolvê-los. Este diálogo sincero, modificado levemente em nome da brevidade, poderá muito bem atingir o objetivo almejado.

Há pouco tempo recebi um telefonema de um distinto executivo de vendas de uma das companhias de processamento de informações mais conhecidas do país. Ele disse: "Temos o melhor treinamento de vendas. Treinamos o nosso pessoal em vendas consultivas e não--manipulativas, vendas de vantagens dos catálogos, vendas de imagens, técnicas de perguntas invertidas para deixar o cliente falar a maior parte do tempo, questionário de investigação e estratégias de tomada de decisões, e com o método comportamental. Diga-me, por que é que tais coisas não parecem funcionar tão bem quanto antes?"

"Porque", eu me escutei dizendo, "tais técnicas não ensinam os seus funcionários a interpretar as pessoas de modo que elas lhes respondam emocionalmente. Toda influência, toda persuasão e toda venda são basicamente emocionais. Aquilo que você ensina é racional, o que é ótimo. Mas o que se vende é emocional, ou o que chamamos de lógica de venda. Temos clientes que lidam com alta tecnologia e que recebem pedidos de orçamento que chegam, por vezes, a centenas de milhões. Eles lhe dirão que interpretar e tratar o cliente de maneira correta é o seu único e maior desafio. Quando tudo é igual, é o vendedor quem faz a diferença. Nós compramos de pessoas que são iguais a nós mesmos. Uma vez que os profissionais de venda entendem e aceitam esta lei natural e operam segundo ela, não há nada que os impeça de ter sucesso".

"Como você consegue isso deles?", continuou ele.

"Antes de tudo, eles aprendem a estabelecer rapidamente um relacionamento de confiança e de *rapport*, muitas vezes em questão de minutos, apesar das diferenças entre gerações ou de renda, formação social, ou sexo. Será que isto seria importante para alguns de seus vendedores mais jovens?"

"Isso é do nosso maior interesse", disse ele.

"Eles aprendem como, no contato pessoal, o interessado pensa e se decide a comprar o seu produto ou serviço e, então, eles fazem a apresentação de acordo."

"Continue."

"Eles prestam atenção na forma como os interessados se expressam, o que os capacita a falar na linguagem favorita dos interessados, o que chamamos de poder da informação. Quer que eu continue?"

"Por favor."

"Suponhamos que alguém tenha problemas em prestar atenção em você. Nós treinamos você para parecer interessante, modificando a maneira como você fala de um modo específico, que é projetada para atrair aquele ouvinte em particular. Isto é importante quando se fala para grupos."

"Correto."

"O melhor de tudo é que apresentamos ao seu funcionário maneiras inteiramente novas de afastar até mesmo as objeções mais difíceis. Praticamos judô mental e usamos uma técnica chamada jogo de reconversão da mente de seu interlocutor. Isso altera a sua perspectiva do que é importante ao se tomar uma decisão particular e auxilia na obtenção de melhores opções para todos."

"Isto não é um pouco sofisticado?"

"As pessoas que passaram pela experiência nos dizem que é até mais simples do que o *Selling 101* e, além disso, mais avançado do que os métodos atuais. É absolutamente o máximo do desenvolvimento tecnológico."

Agora, você poderia perguntar: "Será que isso tem a ver comigo?" Isso tem a ver com você se quiser influenciar clientes, pacientes, subordinados, superiores ou constituintes; tem a ver com você se quiser aprender e praticar o que os maiores comunicadores e vendedores, líderes e executivos fazem sem perceber e que antes nunca conseguiam explicar; tem a ver com você se você quiser superar a si próprio no momento de interagir com as pessoas e ter prazer ao mesmo tempo; e se você estiver interessado em não ser insistente ou cansativo quando estiver com as pessoas. Isso tem a ver com você se você estiver interessado na *Persuasão Moderna.*

O QUE É A PERSUASÃO MODERNA?

A Persuasão Moderna é a habilidade de ver, ouvir e sentir o que os outros deixam escapar e de responder ao interessado através de maneira interessante, com enfoque total no cliente. Derivada da programação neurolingüística, semântica, sistemas, cibernética, cinética, negociação e interpretação objetiva, a Persuasão Moderna é um método de influência ético que demonstra ser incrivelmente eficaz na interpretação de preconceitos de informações das pessoas, no estabelecimento rápido de relações harmoniosas e de confiança na orientação discreta das pessoas e de suas emoções para um resultado bem-sucedido. Como uma lente infravermelha, ela permite que você veja situações que parecem totalmente obscuras e inexplicáveis para outros.

A Persuasão Moderna baseia-se em nossas observações e estudos de centenas de vendedores de alto nível do país, que não conseguem descrever conscientemente como eles fazem a própria magia de vendas. Após estudá-los em ação, rever seus teipes e testar os critérios das novas descobertas no campo, fomos capazes de ajudar a aumentar as vendas em várias companhias passando de escassos 17%, até a quantia de 232% num intervalo de um ano.

POR QUE ESTE LIVRO FOI ESCRITO

Donald Moine trabalhava como vendedor enquanto ainda estava na faculdade quando ouviu falar de uma pesquisa inédita de dois cientistas da comunicação, Richard Bandler e John Grinder, pioneiros na disciplina da programação neurolingüística (PNL) na Universidade da Califórnia. Ele achou que as estratégias da PNL poderiam ajudar a explicar o êxito extraordinário de vendas e iniciou sua pesquisa utilizando e testando algumas das técnicas eficientes. Acrescentando novos conhecimentos ao que já sabia, aumentou de maneira regular o seu volume de vendas no campo. Com a publicação de suas descobertas sobre a Persuasão Moderna, várias empresas do país, incluindo a *Singer*, a *Hughes Aircraft* e a *Control Data* e a maior autoridade na inteligência do governo norte-americano chamaram-no para consultas. A revista *Psychology Today* publicou suas descobertas num artigo introdutório em seu número de agosto de 1982.

John Herd é uma autoridade internacionalmente reconhecida em vendas e produtividade na administração. Recebeu vários prêmios e títulos honoríficos e foi o Vendedor do Ano de duas das principais empresas. Durante muitos anos a sua renda advinda de vendas pessoais foi equiparada à dos presidentes de grandes empresas. Como consultor das companhias da *Fortune 500* e presidente do *Achievement Center*, John logo percebeu o vasto campo potencial das aplicações da PNL em vendas e em administração. Percebeu, no entanto, que isso teria que ser suplementado com outras disciplinas, especialmente no setor das técnicas de recentralização para ajudar os interessados a escolher melhores opções, fazendo, então, da Persuasão Moderna uma técnica útil para profissionais da área de vendas e de negócios.

Donald Moine e John Herd trabalharam até o momento com cerca de cem homens de vendas mais importantes do mundo, que lidam com tudo, desde produtos de alta tecnologia até clipes comuns e artigos de utilidade, e que se ocupam de negócios que vão de pequenas quantidades em grande quantidade até transações envolvendo milhões de dólares. Eles perceberam e confirmaram um vínculo comum entre esses grandes profissionais: As Estratégias da Persuasão Moderna. As novas formas de influência compartilhadas com você neste livro são responsáveis pelo êxito tanto das empresas como dos indivíduos. Elas irão funcionar para qualquer pessoa que deseja colocá-las em prática.

Donald J. Moine
John H. Herd

PRIMEIRA PARTE

ESTABELECENDO CONFIANÇA E "RAPPORT"

1

A CIÊNCIA DE ESTABELECER RAPPORT * E CONFIANÇA

Lou Barth, vendedor de alimentos exóticos de Nova York e Filadélfia, é um gênio da arte do acompanhamento.** Seus clientes variam muito, desde atacadistas de alimentos importados até elegantes compradores de alimentos exóticos para *gourmets*.

Muitos o consideram um mito, pois Lou possui uma habilidade para se adaptar aos clientes a ponto de suas visitas se tornarem o ponto alto do dia. "Lou, você é único", dizem eles. "Você é o maior." E eles o estimam, pois Lou se identifica com eles. Ele é um deles.

Segundo uma senhora alemã, viúva, com jeito de avó, que atualmente dirige o armazém de alimentos de seu falecido marido, Lou é caloroso, afável e ela o considera como um filho que não se esquece de lhe mandar cartões e chocolates.

Para o dono da prestigiosa *Charles* da avenida *Madison*, Lou é um homem de negócios polido e sofisticado, impecavelmente vestido e que se comporta como se fosse seu sócio majoritário.

Para os funcionários de um atacadista, Lou é um viajante arguto, aquele que sabe contar mais piadas do que os outros, conhece as expressões da última moda e sabe fazer gastos mais expressivos que eles próprios. Lou é o seu herói.

Todos sentem-se melhor se Lou está por perto. Ele se comunica de maneira semelhante a essas pessoas, mas mesmo assim ele não é falso; é sempre honesto e autêntico. Lou possui muita sensibilidade para com as pessoas. Ele é um especialista em compreender seus clientes e está atento às mudanças sutis de seus rostos, vozes, olhos,

---

* *Rapport*: palavra de origem francesa que significa "harmonia de relação", concordância. Preferimos mantê-la no original, por ser de difícil tradução. (N. R. T.)

** *To pace*: acompanhar no sentido de seguir os passos de alguém, adotado pela PNL. (N. R. T.)

e de seus comportamentos. Ao visitá-los, ele mostra os aspectos de si próprio, com os quais os clientes se relacionam melhor.

Usando a linguagem da Persuasão Moderna, Lou acompanha o cliente. As pesquisas revelam que o acompanhamento é uma forma sofisticada de igualar ou espelhar os aspectos principais das preferências comportamentais de uma outra pessoa. Isso é usado quase que continuamente pelos grandes vendedores — aqueles ases de vendas que chegam a produzir de cinco a dez vezes mais que os demais vendedores diligentes. Eles ganham esse tanto porque, além de terem produtos e serviços excelentes, estabelecem confiança e *rapport* no relacionamento de maneira rápida e profunda, muitas vezes dentro de dez minutos, com os seus clientes em perspectiva.

Sem confiança e *rapport*, o vendedor é como um fazendeiro que tenta semear num solo não arado: a maior parte das sementes ficarão desperdiçadas.

A confiança diminui a tensão interpessoal e faz com que o cliente fique mais à vontade. Ele se abre mais e revela com liberdade as informações concernentes às suas necessidades, desejos, objetivos e metas pessoais. Sem confiança é difícil, e algumas vezes impossível, vender até mesmo o melhor produto. No *Candid Camera* * de Alan Funt, as pessoas — por se sentirem desconfiadas — deixavam de comprar uma cédula de 20 dólares por apenas três dólares.

Ao descobrir a diferença entre os melhores vendedores e os medianos, os estudos realizados pela Persuasão Moderna demonstram, por exemplo, que vendedores muito apressados fazem as suas apresentações de maneira rápida demais e, por isto, não conseguem fechar uma venda. Como um batedor de *baseball* inexperiente, eles oscilam a cada bola que vem em sua direção. Na sua avidez de vender, acabam trabalhando mais arduamente e por mais tempo. Eles se deparam com evasivas e objeções, na maioria das vezes, pelo fato de os elementos importantes como *rapport* e confiança no relacionamento serem omitidos, ou por não serem suficientemente cultivados durante a venda.

QUARENTA E TRÊS NOVOS CLIENTES EM UM DIA

Sandy Shinn fez um curso preparatório de medicina,** porém, decidiu não se tornar médica. Ela se associou a um grupo de

---

* "Câmera Indiscreta", programa humorístico da TV norte-americana que consiste em "enganar" as pessoas em situações embaraçosas preestabelecidas, sem que elas saibam que estão sendo filmadas, podendo ou não tomar conhecimento disso posteriormente. (N. T.)

** Nos Estados Unidos, um curso preparatório, em qualquer área, tem a duração de quatro anos e dá direito a um diploma. (N. R. T.)

serviços laboratoriais de uma empresa farmacêutica internacional, onde sua missão era persuadir os médicos a deixarem que a companhia fizesse o processamento das suas amostras de laboratório.

Sandy tinha um árduo caminho a percorrer, principalmente porque a sua companhia não era nem a mais barata nem a mais rápida. Seus clientes não viam razão para mudar e estavam de fato ligados aos seus laboratórios atuais por causa dos arranjos nas faturas através do computador. Mas vocês têm que conhecer Sandy. Ela tem os pés no chão, gosta realmente das pessoas, e demonstra tudo isso. Embora seus primeiros clientes estivessem longe de serem brilhantes, ela decidiu fazer três coisas:

- Visitar regularmente seus clientes com algumas novas informações projetadas para o interesse deles.

- Estabelecer *rapport* e nunca demonstrar sua frustração ou desapontamento, e fazer o seguinte comentário: "Ambos temos interesses comuns, pois estaremos fazendo negócio qualquer dia desses."

- Inspirar confiança, deixando claro que ela havia feito um curso pré- -médico completo; poderia falar a linguagem de seus clientes; entendia seus problemas e era sempre uma ouvinte atenta.

Seu objetivo era o de tornar-se o número dois após os laboratórios que utilizavam. É impressionante que, de maneira completamente inesperada, o seu esquema de relações harmoniosas vingou. O programa de televisão "Sixty Minutes" fez uma reportagem sobre as comissões que certos laboratórios pagavam aos médicos, sendo que um desses laboratórios trabalhava na mesma área de Sandy. Embora se tratasse de laboratórios altamente competitivos, 43 médicos decidiram mudar para o laboratório onde Sandy trabalhava.

Os muitos meses durante os quais Sandy estabeleceu uma inabalável boa vontade e *rapport* com seus clientes deram resultado e ela foi a primeira mulher a se tornar líder nacional de vendas na história de sua companhia durante dois anos consecutivos.

ESTABELECENDO UM CLIMA DE CONFIANÇA E DE *RAPPORT* ATRAVÉS DE ACOMPANHAMENTO

O acompanhamento é bem-feito quando o vendedor e o cliente parecem estar de acordo ou parecem ser aliados. O acompanhamento é bem-feito quando o cliente sente que ambos pensam da mesma forma e encaram os problemas de maneira semelhante. Quando isto acontece o cliente se identifica com o vendedor e acha fácil e natural concordar com ele; assim, ambos parecerão emocionalmente idênticos. O acompanhamento funciona porque os semelhantes se atraem.

O acompanhamento comunica ao interessado: "Eu o compreendo; eu o aceito. Sou como você." Através dele você entra na realidade do cliente e nos seus pensamentos e emoções particulares. Você pode conseguir isto através das palavras ou do comportamento, sem que o cliente perceba.

COMO FUNCIONA O ACOMPANHAMENTO

O indivíduo cuja mente é sadia é interessante por causa das múltiplas facetas de sua personalidade. Todas as vezes que você estiver com uma outra pessoa, você poderá escolher quais facetas mostrar. Os estudos realizados pela Persuasão Moderna indicam que os vendedores menos bem-sucedidos tendem a mostrar apenas um ou dois aspectos de si mesmos, não se importando com quem estejam ou o que a situação esteja exigindo. Eis por que uma pessoa rígida ou inflexível não consegue ter sucesso no mundo exigente das vendas e da administração.

Os superastros de vendas como Lou Barth apresentam-se intuitivamente da maneira que mais se assemelha à de seus clientes, sem comprometer, de forma alguma, a sua integridade. Eles estão simplesmente sendo flexíveis e ajustáveis ao mostrarem partes de suas verdadeiras personalidades. Eles sabem que sempre poderão encontrar alguma coisa em comum com seus clientes.

Uma grande vantagem do acompanhamento é que, quando bem-feito, seu cliente achará impossível discordar de você. Se o fizesse estaria discordando de si próprio, uma idéia da qual a maioria das pessoas não iria gostar.

As afirmações usadas no acompanhamento são fotografias verbais; assim como as imagens de um filme não oferecem nenhuma informação nova, embora seja fascinante para quem as assiste. São, indubitavelmente, verdadeiras. Ao serem apresentadas em seqüência elas conduzem a uma série de concordâncias menores denominadas conjuntos afirmativos e, por fim, conduzem a uma concordância maior ou a um contrato de vendas. Tais afirmações são agradáveis ao cliente porque elas concentram a atenção sobre ele e seu mundo.

Uma vez que se estabelece a confiança e *rapport* pode-se iniciar o direcionamento ou a orientação. São as afirmações de orientação que contêm as mensagens persuasivas. No entanto, as mais belas afirmações de orientação serão ineficazes a menos que a confiança já tenha sido estabelecida.

As afirmações usadas no acompanhamento podem variar entre as mais comuns até as mais secretas e abranger assuntos emocionais ou concretos.

Eis aqui um exemplo de afirmação de acompanhamento feita por um grande vendedor da Mercedes-Benz a um cliente: "Percebi que, em primeiro lugar, você olhou para o conversível branco, em seguida para o cupê, e depois para o turbo diesel, e então você tornou a olhar para o conversível."

Ele não disse: "Posso ser-lhe útil?", o que poderia provocar uma resposta negativa. Em vez disso, ele fez uma descrição daquilo que o cliente havia feito de fato. Desde que isso seja indubitavelmente verdadeiro, é impossível discordar. Enquanto o vendedor fala, o cliente acena levemente com a cabeça. O vendedor logo estabelece um acordo menor e prepara a base para o acordo posterior.

O governador de um Estado do Oeste começa o seu discurso: "...A taxa de desemprego é de 9,8% e, em nosso Estado, é de 10,1%..."

Deste modo, acrescentando alguns algarismos, até mesmo seus adversários se vêem concordando com a sua afirmação inicial e mal percebem a suave transição que ele faz para afirmações de orientação que expressam a mensagem pretendida. Posteriormente, ele diz: "Estou apenas falando do ponto de vista de minha limitada experiência pessoal."

Ninguém pode discordar dessa afirmação de acompanhamento, porque ela é verdadeira para todos nós. Além disso, essa humilde confissão ajuda-o a atrair a audiência para si.

Embora seja importante começar usando as afirmações de acompanhamento ao se encontrar com um cliente, seu uso não fica limitado à parte inicial da entrevista. O acompanhamento pode ser usado durante toda a transação comercial, mas principalmente no início e ao lidar com as objeções. Cada vez que se faz o acompanhamento se estará agregando um novo elemento à estrutura das relações interpessoais e tornando-as mais fortes. Eis por que o acompanhamento estabelece vínculos íntimos. A esta altura podemos aprender com os grandes políticos que sabem retornar aos fatos indubitavelmente verdadeiros, mesmo que sejam fatos triviais, ao enfrentarem uma objeção resistente ou desagradável.

O acompanhamento mostra-nos uma nova e poderosa dimensão da Persuasão Moderna e requer que o atuante comece a observar os outros de maneira penetrante e mais cuidadosa. Isto não requer a memorização de fórmulas sobre o que fazer, antes concentrando a atenção no objeto certo: o cliente e o seu mundo.

CONTROLANDO O PASSADO, O PRESENTE E O FUTURO

Pesquisas realizadas pela Persuasão Moderna mostram que quanto mais a pessoa tiver sido bem acompanhada, mais fácil se tornará orientá-la ou influenciá-la.

O teatrólogo Mort Sahl conta-nos que Lyndon B. Johnson tinha uma reputação lendária no Senado como apaziguador. Quando enfrentava uma situação muito complicada que requeria todas as suas habilidades, ele começava a modelar o oponente:

Johnson: "Jim, eu e você já nos conhecemos há bastante tempo e, de modo geral, temos conseguido nos entender." (Fazendo o acompanhamento do passado.)

Senador: "É verdade." (Concordância menor.)

Johnson: "Eu sei que ambos estamos de acordo sobre a importância do ponto A. Certo?" (Fazendo o acompanhamento da concordância anterior no passado.)

Senador: "Certo." (Concordância menor.)

Johnson: "E creio que não pensamos de maneira muito diferente sobre o ponto B. Portanto, vamos trabalhar nisso e ver em que outros pontos podemos concordar." (Fazendo o acompanhamento do presente.)

Senador: "Está bem." (Concordância menor.)

Johnson: "Depois disto, o ponto C não deve ser tão difícil." (Fazendo o acompanhamento do futuro.)

Tendo sido estabelecida a concordância menor, a lógica emocional fica difícil de ser rompida. Apesar de que o que Johnson estava dizendo ser certamente algo genérico, aquilo foi dito com tal sentimento que gerou convicção e impulso. Este método de fazer o acompanhamento do passado, do presente e do futuro funciona de maneira eficaz para muitos vendedores "natos".

De que forma o acompanhamento pode ser usado? Pense num cliente difícil e faça uma lista de todas as suas possíveis características. Em seguida, faça uma lista das experiências sobre as quais você poderia falar de uma maneira indubitavelmente verdadeira. Agora, faça o acompanhamento desta pessoa. A sua experiência o convencerá de que tais métodos são, de fato, o cerne do estabelecimento de confiança.

CONTROLANDO O CLIMA EMOCIONAL

Você se lembra da última vez em que esteve abatido, deprimido ou indisposto? Imagine alguém chegando até você e dizendo: "Anime-se, homem. Hoje é um dia maravilhoso! É o primeiro dia do resto de sua vida! Estou me sentindo ótimo, e você também poderia sentir o mesmo! Vamos! Tenha uma atitude mental positiva!"

Será que você se animaria? Muitas pessoas considerariam isso irritante e insensível. Seu amigo deixou de cooperar com você ou de mostrar que vocês compartilhavam as mesmas opiniões. Ele não fez o acompanhamento do seu estado de espírito. Ao invés de fazer o acompanhamento e depois orientá-lo, ele quis forçá-lo diretamente a sentir-se melhor. Embora este tipo de abordagem direta na base da "sacudidela" algumas vezes possa funcionar, em geral é um erro sem tamanho.

Provavelmente, existem mais equívocos sobre os entusiasmos e a atitude mental positiva do que qualquer outro assunto concernente a vendas e administrações. É maravilhoso ter e experimentar essas duas características; no entanto, elas correm o risco de serem facilmente abusadas. Nada substitui o estar em harmonia com os sentimentos das pessoas.

Vendedores compulsivamente animados já se tornaram peças raras de museu e há muito perderam sua utilidade. Hoje em dia, os profissionais de vendas devem saber resolver problemas, ser peritos em relacionamentos e homens de negócios completos.

Vendedores enérgicos têm notáveis êxitos com clientes enérgicos. No entanto, no caso de um ramo de atividades que está se debatendo para sobreviver, a hiena de dentes arreganhados não consegue estabelecer uma relação muito harmoniosa. Embora haja muito a ser dito sobre o entusiasmo, há mais ainda sobre a flexibilidade. As pesquisas da Persuasão Moderna mostram que vendedores e administradores unidimensionais, quaisquer que sejam as suas dimensões, não atingem os níveis mais altos do sucesso.

Quando seu cliente ou colaborador lhe parecer estar triste ou deprimido, respeite o seu estado de ânimo e fale a linguagem de seus sentimentos. Os vendedores de maior êxito nos ensinam que um indivíduo de mal-humor pode realmente ser uma das pessoas a quem é mais fácil vender. Uma vez que tais pessoas sentem que você está de acordo com elas e as compreende, você poderá começar a orientar. Suponhamos que você esteja num mal-dia e alguém faz o seguinte comentário: "Sabe, atualmente não tenho me sentido bem, e eu não sei por quê. Por isto vivo cada dia com desânimo. Mas, mesmo assim, consigo encontrar algumas coisas que gosto de fazer, como conversar com um amigo ou dar um passeio. Você não gostaria de vir comigo para tomar um lanche?"

Neste caso, iguala-se ou acompanha-se o seu estado de espírito e, então, a pessoa é delicadamente orientada para um outro estado de ânimo. Provavelmente, você se sentiria bem mais seguro com essa pessoa do que com aquela que tenta forçá-lo a ficar bem-humorado.

Encontramos pessoas com grande variedade de estados de ânimo na vida cotidiana: algumas são tristes, outras felizes, pensativas ou despreocupadas. Além disso, o nosso próprio humor pode variar de hora em hora. Eis onde a importância da flexibilidade torna-se evidente. Faça o acompanhamento do humor de seus clientes e colaboradores e você verá que é relativamente fácil estabelecer um clima de confiança e de *rapport*, e as pessoas se sentirão mais próximas de você. Obviamente, não estamos dizendo que você deva se tornar deprimido quando estiver com uma pessoa deprimida. Tudo que é preciso é equiparar-se temporariamente ao humor desta pessoa. Fique à vontade para demonstrar mais animação e alegria após alguns minutos, mas considere o acompanhamento do estado de espírito como a base para se estabelecer um relacionamento.

Suponhamos que o tesoureiro de uma firma, de aspecto impassível e introvertido quisesse comprar um carro novo e fosse recebido por um vendedor simpático, extremamente caloroso e extrovertido. Será que eles se dariam bem? Duvido. De uma maneira educada, eles poderiam dizer: "Não me dou bem com pessoas deste tipo." Suponhamos que o tesoureiro queira um modelo que se encontra em estoque, disponível a um preço razoável. Será que ele compraria desse vendedor? Talvez, mas sem estabelecer uma relação de confiança e *rapport*, pois as chances para tanto são poucas.

Em vendas e administração há dias em que você não pode predizer o humor das pessoas com as quais irá se encontrar. Lembre-se de que não importa para onde você queira orientar seu cliente ou colaborador; o melhor lugar para começar é aquele onde ele se encontra. Embora pareça simples, esta habilidade exige treino para se desenvolver.

Você tem os melhores instrutores do mundo à sua disposição — seus futuros clientes, clientes e colegas de trabalho. Não existe perigo em executá-lo e é digno de apreciação. Eles não saberão o que você está fazendo, mas estarão cientes de que se sentem melhor quando você está por perto, e esta é a graça do acompanhamento.

ACOMPANHANDO A LINGUAGEM CORPORAL

Recentemente, uma noite, antes de fazer o esboço de uma palestra sobre vendas a nível nacional, fui apresentado a um alto dirigente da empresa. Este homem de vendas apertou minha mão durante uns bons cinco minutos e eu fiz o mesmo com intensidade e tempo semelhantes. Também fiz o acompanhamento do seu humor e da sua maneira de falar.

Embora não tivéssemos conversado sobre nada que fosse importante, este homem disse posteriormente, ao seu vice-presidente, que o Dr. Moine o havia impressionado e parecia ser um consultor dos mais inteligentes e sinceros. Foi o acompanhamento que estabeleceu a confiança. Embora fôssemos de lugares diferentes do país e sendo ele 25 anos mais velho do que eu, rapidamente estabelecemos *rapport* através do acompanhamento.

Nós nos comunicamos através de mensagens. Albert Mehrabian e outros bem-conhecidos especialistas em comunicação já demonstraram claramente que a linguagem corporal, isto é, como nos vemos e agimos, responde por 55% do impacto total das mensagens que enviamos. Isto significa que o impacto da linguagem corporal é maior do que o conteúdo do que dizemos ou a maneira como dizemos.

Quando as nossas palavras e a nossa linguagem corporal se contradizem, as pessoas darão crédito à linguagem corporal. Suponhamos que você esteja entrevistando um candidato para uma importante posição e você pergunte: "Poderia contar-me algo sobre você?" Então o candidato arrasta os pés, fica ligeiramente rubro, gotas de suor irrompem em sua testa, e olha para baixo e gagueja: "Bom, tenho muita confiança em mim mesmo." Você acreditaria no que ele está dizendo, ou na sua linguagem corporal?

Foram identificados dois principais estilos de liderança nos estudos sobre grupos de adolescentes das cidades do interior. Um deles é o idealizador, que está continuamente um passo adiante do resto da turma. Ele é o falador, o instigador, o agitador. O outro é o líder firme. Intuitivamente, ele faz o acompanhamento da linguagem corporal, da fala e do comportamento dos outros membros do bando. Este tipo de líder é um ouvinte atento e observador dos outros e é considerado uma pessoa compreensiva e de confiança. Os membros do grupo acreditam nele.

LIDANDO COM O DESAFIO DA LINGUAGEM CORPORAL NEGATIVA

A linguagem corporal, por ser tão importante no processo da comunicação, tornou-se assunto de numerosos livros. Embora existam excelentes pesquisas sobre o assunto, parece que a maioria dos autores de livros destinados ao grande público não está familiarizada com isto. Ou, quando citam as pesquisas, tiram, por vezes, conclusões simplistas e enganosas. Talvez o maior equívoco seja a chamada linguagem negativa do corpo.

Suponhamos que você esteja conversando com um cliente, cujos braços estão cruzados. De acordo com os autores, tal postura significa que o indivíduo está tendo uma atitude defensiva ou rejeitando você. Sugerem que você deixe de lado a visita de vendas ou marque uma outra entrevista para um dia melhor. Se você seguisse tais conselhos, estaria perdendo muitas oportunidades promissoras e vantajosas.

Os braços cruzados podem indicar uma atitude defensiva ou muitas outras emoções, dependendo do indivíduo. A Persuasão Moderna tem demonstrado que certas pessoas cruzam seus braços simplesmente porque lhes é confortável, outras porque mantêm o estômago aquecido e outras, ainda, para massagear o cotovelo dolorido após um jogo de tênis. É uma falácia supor-se apenas que uma determinada postura tenha sempre um único significado.

Embora a linguagem corporal não se preste a interpretações simplistas, ela possui, de fato, grande valor para o agente de vendas que saiba utilizá-la rapidamente nas suas técnicas de acompanhamento, que é feito através da simulação da postura e dos gestos da outra pessoa. Ao fazer isto, será mais fácil relacionar-se com ela. Você se sentirá mais parecido com essa pessoa e ela se sentirá mais à vontade com você. De certo modo, você estará se colocando na posição do outro. Mais importante ainda, a outra pessoa confiará em você e sentirá que você a compreende e a aceita.

É desnecessário imitar a linguagem corporal da outra pessoa. Com a nossa pesquisa descobrimos que os grandes homens de vendas estabelecem semelhanças nas posturas e gestos com os clientes, mas não os espelham. Desse modo, o cliente não percebe, conscientemente, aquilo que você faz, mas experiencia um efeito positivo com relação a você a nível subconsciente. Você ficará surpreso ao ver pessoas lhe sorrindo, sem nenhuma razão aparente.

Certas pessoas se surpreendem ao tomarem conhecimento de que as pesquisas revelam que os maiores produtores de vendas fazem o acompanhamento mesmo da linguagem corporal negativa de seus ouvintes. Adotando temporariamente a linguagem corporal negativa de seus clientes, inicialmente, eles estabelecem um acordo a nível não-verbal. Simultaneamente, eles fazem o acompanhamento dos vários níveis verbais e do estado de espírito. Após estabelecerem um clima de confiança e de *rapport* no relacionamento, eles orientam o cliente de uma postura negativa para uma positiva. De modo geral, os clientes mudam com eles. O que acontecerá se isso não funcionar na primeira ou na segunda tentativa? Eles repetirão a seqüência até obterem êxito. E, se o cliente voltar à postura negativa, eles farão novamente o acompanhamento. Isto restabelece o *rapport* e então orientam o cliente para que se livre da linguagem corporal negativa. No entanto, o observador não treinado perde toda a cena, pois tudo isso parece um passe de mágica.

Por acaso, você já se sentou à mesa de um restaurante e tentou adivinhar quais os casais que estão realmente apaixonados e quais os que parecem estar à beira do rompimento? Seus prognósticos podem ser surpreendentemente exatos. Casais apaixonados fazem, intuitivamente, o acompanhamento de suas linguagens corporais respectivas: eles inclinam-se na mesma direção, movimentam-se em sincronia, e até mesmo tendem a comer e beber em harmonia um com o outro. Casais com problemas ou que se encontram às portas do divórcio estão em desarmonia com suas linguagens corporais, suas opiniões e suas crenças.

Da mesma maneira, os grandes vendedores estabelecem intuitivamente a intimidade em transações de vendas utilizando o mesmo tipo de acompanhamento da linguagem corporal. Na próxima vez, ao tentar convencer alguém ou ao vender, muna-se desta técnica e sinta o quanto ela funciona bem para você e seus interlocutores.

ACOMPANHAMENTO DA RESPIRAÇÃO DO CLIENTE

As empresas norte-americanas estão atualmente adotando técnicas administrativas utilizadas pelos japoneses. Há, no entanto, uma técnica que está sendo quase que totalmente ignorada por nós. No Japão, as reuniões de negócios e de círculo de qualidade começam com todos os membros respirando em uníssono, inspirando juntos, expirando juntos, inspirando juntos. Isso estabelece um clima de concórdia e harmonia. Não é praticado como exercício, e sim, porque produz um agradável ambiente de negócios. Estudos mostram que quando tais reuniões começam, os executivos ignoram as questões pequenas e se concentram nos problemas importantes.

De modo similar, atualmente os conselheiros conjugais e terapeutas familiares fazem com que os casais em desacordo comecem as sessões colocando seus braços um ao redor do outro e respirando em uníssono — inspirando juntos, expirando juntos. Isto estabelece um clima de harmonia e elimina pequenas divergências possíveis.

Para estabelecer uma afinidade inconsciente com outras pessoas, respire da mesma forma que elas respiram. Observe como você se torna mais relaxado à medida que faz assim e que isto é completamente indetectável a nível consciente. Tudo que a outra pessoa sabe é que ela se sente mais próxima a você. Experimentamos o acompanhamento da respiração até mesmo com os psicólogos mais experientes e descobrimos que nenhum deles consegue detectar o que estamos fazendo.

Muitos dos grandes vendedores equiparam, sem mesmo se darem conta, a sua respiração com a de seus clientes, de forma completamente natural. Quando mencionamos a eles o que estavam fazendo, eles se recusaram a acreditar. Só depois de assistirem aos videoteipes de si próprios com os clientes, reconhecem conscientemente o poder que possuem. Obviamente, nunca ninguém compartilhou tal método com os seus estagiários de vendas. Após assistirem a essa estratégia colocada em prática, tais vendedores aceitam de imediato a sua utilidade.

Observe os casais apaixonados e veja o quanto eles tendem a respirar em uníssono. É preciso uma certa prática para aprender a acompanhar a respiração. Observe o tórax expandir-se e contrair-se e note a maneira como os ombros se levantam na inspiração e abaixam na expiração e observe o movimento do estômago ao ritmo da respiração.

Num esforço consciente para fazer da técnica do acompanhamento uma parte integrante de si mesmo, você irá descobrir que as pessoas passarão a gostar de se relacionar com você mais do que nunca.

2

COMO TIRAR O MELHOR PROVEITO DE SUA VOZ

Confiamos nas pessoas que são iguais a nós. Os estudos dos executivos de vendas mostram que temos uma certa tendência para contratar pessoas que são iguais a nós. Pode parecer injusto, mas as primeiras pessoas despedidas no emprego são, com freqüência, as menos parecidas com aquelas no poder. O psicólogo William H. Sheldon, nos estudos clássicos realizados nos anos 40 e 50, descobriu que temos a probabilidade de nos casar com pessoas cuja aparência física é semelhante à nossa. Isto quer dizer que pessoas altas e magricelas tendem a se casar com pessoas altas e magricelas, e as baixas e gordas tendem a se casar com seus correspondentes. Embora, obviamente, haja muitas exceções, as estatísticas atestam que os semelhantes se atraem.

Como a personalidade humana é multifacetada, podemos escolher, a cada momento, qual das nossas facetas desejamos mostrar à outra pessoa; podemos, assim, acompanhar ou equiparar as características do humor, da linguagem corporal e até mesmo da respiração de alguém. Uma outra maneira de expressarmos a nossa individualidade e de julgarmos outras pessoas é através da nossa maneira de falar e das nossas características vocais. Saber como controlar e projetar a própria voz está se tornando cada vez mais importante quando uma quantidade maior de vendas e de trabalho administrativo está sendo feito por telefone. Produtos que durante muitos anos foram vendidos através de um contato pessoal estão agora sendo vendidos com êxito por telefone. Por exemplo, a *Zond*, a maior fábrica de turbinas de vento dos Estados Unidos, está, atualmente, vendendo o equivalente a 200.000 dólares em geradores de turbina de vento por telefone.

Até mesmo as melhores apresentações de vendas ou os mais belos argumentos perderão muito de sua eficácia se não forem transmitidos de maneira que o seu cliente entenda ou com a qual possa se identificar. Grande parte da força daquilo que dizemos está na maneira como dizemos. Albert Mehrabian e outros estudiosos muito respeitados descobriram que 38% da força daquilo que dizemos não está nas palavras em si, mas na maneira como as dizemos.

Alguma vez você já lidou com alguém que falava tão lentamente que você não conseguia se lembrar do que ele começou a dizer? Você já reparou como fica impaciente com estas pessoas que falam tão devagar que parecem lesmas?

A outra pessoa deve ter sentido o mesmo desconforto que você e até mesmo mais. Para ela você parecia um disco de 33 rpm girando em 45 rpm.

O segredo do acompanhamento é ter em mente que cada um de nós pensa que é normal. Servimo-nos do nosso próprio padrão de referência para julgar os outros em relação a nós mesmos. Aquele que fala devagar pensa que fala na velocidade normal. Se você falar na mesma velocidade que ele será percebido como se falasse normalmente. Assim, você será bem compreendido e suscitará mais confiança.

Se você diminuir a velocidade de sua maneira de falar quando está com uma pessoa que fala devagar, é pouco provável que ela perceba, conscientemente, o que está acontecendo. Entretanto, se você continuar a conversar na mesma velocidade rápida, há muito mais probabilidade de que a diferença venha a ser notada e de que haja uma certa resistência. É muito mais seguro e mais respeitoso ajustar a velocidade de sua maneira de falar o mais próximo possível à de seu interlocutor.

Como você se sente quando uma pessoa fala depressa? O que você acha que ela sente com relação a você? Para a pessoa que fala depressa você estaria com a velocidade deturpada ou indo devagar demais. Aquele que fala depressa, de acordo com seu padrão de referência interno, acha que está falando na velocidade normal. Se você falar um pouco mais rápido, ela achará que você se tornou mais normal ou, no mínimo, menos diferente. Se você tivesse a oportunidade de ver os irmãos e irmãs dessa pessoa que fala depressa, há grandes probabilidades de que eles também falem depressa. Portanto, se você falar um pouco mais rápido, você estará entrando na dinâmica da confiança. A nível subconsciente, você faz surgir associações e sentimentos que foram estabelecidos através de muitos anos de interações íntimas com outros.

Leve em consideração a velocidade de fala de seus clientes e colaboradores. Aumente a sua habilidade de falar na velocidade das outras pessoas. Crie o hábito de falar propositalmente na mesma velocidade dos outros. Sua experiência irá convencê-lo de que isto pode aumentar o *rapport* interpessoal e diminuir a tensão.

Embora a velocidade da maneira de falar seja uma alavanca útil para ganhar confiança, não atribua a isto um valor excessivo. Por exemplo, não parta do princípio de que a pessoa que fala devagar esteja sofrendo de deficiência mental ou intelectual. Em certas regiões do país a maneira lenta de falar faz parte da cultura. Uma pessoa que fala depressa não é considerada inteligente ou esperta, mas simplesmente uma pessoa diferente e suscita, automaticamente, desconfiança. Existem pessoas de todas as partes do país que falam lentamente. Você não deve psicologizar ou tentar adivinhar o significado disto. Simplesmente faça o acompanhamento da velocidade da fala e aprecie os benefícios crescentes de confiança e harmonia na relação.

Administradores e supervisores de venda podem usar seus conhecimentos no acompanhamento da maneira de falar dos seus subordinados para tirar o melhor proveito possível durante o treinamento. Faça visitas de vendas com seu pessoal e observe quando eles acompanham o modo de falar e quando não o fazem. Nossa experiência nos mostra que os melhores vendedores têm muito mais sensibilidade, consciência e flexibilidade nesta área, sendo que em sua maior parte trata-se de algo basicamente intuitivo. Agora, as descobertas da Persuasão Moderna podem ser usadas para desenvolver esta importante habilidade em outras pessoas.

J. R. Ewing da *Ewing Oil* do seriado "Dallas" nos oferece um bom exemplo disto. Os autores e produtores queriam que J. R. fosse considerado indigno de confiança. Fizeram com que ele falasse depressa num lugar onde as pessoas falam de forma naturalmente lenta. A reação instintiva daqueles que estão ao seu redor e da maioria dos telespectadores é automática e exatamente o que a produção do programa queria: não confie nesse homem. Você não irá querer que os seus vendedores ou empregados provoquem este tipo de reação, inadvertidamente, em seus clientes. Portanto, ensine-os a acompanhar o modo de falar das pessoas e todos os outros aspectos do comportamento.

GRITOS E SUSSURROS

Trabalhávamos com alguns funcionários de uma grande corretora de mercadorias do país. Durante nossa avaliação de necessidades tornou-se evidente que muitos dos corretores tinham supervisores ou modelos funcionais que os faziam gritar aos clientes pelo telefone:

...Senhor cliente, compre ouro! Compre prata! Os russos acabaram de derrubar um avião coreano de passageiros com um membro do Congresso a bordo! É o caos! Poderia ser uma guerra! Todos estão apavorados!

Todos os investimentos estão sendo feitos em ouro e prata! *Todos* estão comprando ouro e prata! Ninguém irá querer dinheiro em espécie! Vamos, deixe-me introduzi-lo ao nosso grupo! Quero torná-lo rico! Quero fazer uma fortuna para você! Vamos!!!!...

Achamos que o artifício funcionou até certo grau durante uma crise, mas logo perdeu seu impacto devido ao uso exagerado. Para um investidor sofisticado que tinha ouvido falar de tudo isso antes, o artifício foi considerado pelo que era. Planejado para criar uma sensação de urgência, criou, ao invés disso, a desconfiança.

Confiamos nas pessoas que achamos que são parecidas conosco e isto se estende também ao tom de voz. As pessoas que falam suavemente são muito atentas às pessoas que falam alto e às que sussurram. Elas consideram o seu tom de voz como normal e confiam intuitivamente nas pessoas que falam no mesmo nível que o seu.

Aqueles que falam mais alto não confiam ou não se sentem inspirados por quem fala suavemente. Pesquisas mostram que pessoas que falam mais alto tendem a julgar os que falam baixo como sendo inseguros, tímidos, nervosos, fracos e delicados. Embora tal tipo de julgamento precipitado seja, com freqüência, não justificado, podendo posteriormente ser retificado com muito trabalho, no entanto, deixa marcas. Segundo um anúncio, "você nunca terá uma segunda chance para deixar uma primeira impressão."

Fazer o acompanhamento do tom de voz é uma excelente oportunidade para desenvolver vínculos subliminares com seus clientes e colaboradores. A única salvaguarda que recomendamos é: evite gritar com quem grita, pois esta atitude pode gerar uma batalha de gritos, prenunciadora do início de uma guerra sangrenta. Ao invés disso, grite (levante a voz) *junto* com a pessoa que grita, sobre outro assunto ou outra situação.

Se uma cliente lhe telefona louca da vida por causa de um serviço malfeito no seu computador, não murmure dizendo suave e calmamente que você está preocupado, pois ela não sentirá a sua preocupação como sendo genuína. Levante sua voz e exclame que você está muito preocupado também, e que você irá investigar o problema a fundo. Falando aos gritos a respeito de uma outra situação ou problema você será visto como pessoa atenta e realmente empática; além disso, você estará dando à cliente a oportunidade de expressar suas emoções (e esta pode ser uma das razões mais importantes do telefonema).

A propósito, a corretora com a qual trabalhávamos aumentou as vendas a partir do primeiro dia em que começaram a treinar seus representantes para acompanharem o tom de voz de seus clientes. Como benefício extra, os representantes de vendas descobriram que

36

eles tinham mais energia para fazer mais visitas quando desistiram do artifício de falar alto e que sua auto-imagem enquanto profissionais melhorou.

O acompanhamento possui muitos outros benefícios além do crescimento do poder pessoal e da habilidade para estabelecer confiança e *rapport* no relacionamento.

A LINGUAGEM IDIOSSINCRÁTICA E PECULIAR

As pesquisas em neurolingüística têm mostrado que cada um de nós pensa segundo o seu padrão de linguagem mental e poucas pessoas estão cientes de como elas conversam consigo próprias. A percepção mais próxima que têm deste processo interno acontece durante os sonhos.

Escutar a gravação de nossas próprias vozes e de nossa maneira de falar pode também revelar as maneiras idiossincráticas de pensar. Algumas delas são quase inatas ou transmitidas geneticamente quando todos os membros da família falam dessa maneira. Outras são adquiridas através de anos de experiência de trabalho ou de vida num ambiente particular.

A linguagem idiossincrática de certas pessoas, por exemplo, é bem orientada para os sentimentos, ações e toques. A pessoa pode falar em "ficar numa situação vulnerável" para conseguir a aprovação da ordem de compra, ou "não sair da rotina" com o fornecedor atual. Estudos revelam que os grandes vendedores mudam intuitivamente para a linguagem orientada para o sentimento ou ação quando estão vendendo para esse tipo de pessoa. Portanto, não é de se admirar que tenham êxito! A linguagem de seus próprios processos mentais particulares, a qual está refletida na linguagem falada, encontrará uma resistência mínima e será vista como tendo sentido.

Os muitos anos de condicionamento ou de trabalho dentro de uma indústria desenvolvem maneiras específicas de pensamento. Faça na sua caderneta observações sobre os *hobbies*, interesses especiais e especializações de trabalho de seus clientes. Se você está vendendo ações para um militar aposentado, por exemplo, fale sobre "ter êxito no meio da batalha de opções de investimento", ou sobre os perigos de um investimento-"bomba" de "destrói" o seu "bolso". Se você está vendendo um seguro total de vida a um fazendeiro, fale sobre "plantar uma semente que se tornará uma árvore da proteção no futuro", ou então "carpir planos de seguro não desejados".

No início você poderá sentir-se um pouco constrangido ao usar tal variedade de frases. A razão disso é que, como qualquer outra pessoa, você está preso em sua própria linguagem idiossincrática. Falar a linguagem de uma outra pessoa requer que você entre no seu mundo, o que no começo lhe parecerá um pouco estranho. Um maior *rapport* no relacionamento, nas amizades e um aumento nas vendas ao usar a linguagem peculiar de outras pessoas logo irão convencê-lo do valor de ser flexível nesta área. Com a prática, você se sentirá mais à vontade e realmente achará divertido falar as linguagens idiossincráticas de seus clientes.

ACOMPANHANDO DIALETOS E SOTAQUES

É preciso muita habilidade para imitar dialetos e sotaques dos clientes. Muitos dos grandes vendedores conseguem imitar apenas algumas palavras, a não ser que tenham nascido numa outra região do país ou num outro país. Temos conhecido profissionais de vendas nas grandes cidades que chegam a tomar aulas de impostação de voz para aprenderem como mudar suas pronúncias e dialetos a fim de imitar melhor ainda os seus clientes.

Poucas pessoas têm interesse ou inclinação para investir o tempo e a energia necessários para aprenderem a acompanhar os dialetos e sotaques.

Lembre-se de que sempre há algo que pode ser acompanhado e sempre uma maneira de se obter *rapport* e confiança no relacionamento com alguém que você acabou de conhecer. Se você possui um bom ouvido para dialetos e se deseja dominar esse aspecto da comunicação, é melhor pegar algumas palavras fáceis e começar daí em diante.

DESENVOLVENDO UMA VOZ PODEROSA

Temos melhorado imensamente a nossa compreensão sobre o que faz a voz tornar-se possante. Os antigos métodos de venda, administração e cursos de autoconfiança ensinaram os estudantes a falarem em voz alta e por vezes estrondosa. Supunha-se que isto era a prova de que a pessoa tinha confiança em si mesma e que suas ordens deveriam ser obedecidas.

No campo de vendas ou de administração, o objetivo não é o de intimidar ou oprimir a outra pessoa. A intenção não é fazer com que a pessoa seja meramente condescendente, mas que coopere ativamente. E isso está no cerne do negócio. Uma voz alta, estrondosa, não passa disso; não é necessariamente tida como sinal de autoconfiança, podendo ocasionalmente dar certo quando alguém faz um pedido, mas é duvidoso que resultará num relacionamento de confiança ou *rapport*.

Podemos considerar que a voz mais possante é aquela que estabelece rapidamente uma confiança profunda, aquela que induz à aquiescência. Tal é a voz que conduz a mensagem diretamente ao alvo.

Ao fazer o acompanhamento do ritmo e do tom de voz, você estará sem dúvida alguma um passo à frente de seus competidores. Outras características da voz incluem a intensidade, velocidade, tonalidade, ritmo e o timbre. Estamos tendo êxito considerável no aumento dos lucros de vendas nas empresas para as quais prestamos serviço, fazendo com que pratiquem tais habilidades.

3

LIDANDO COM OPINIÕES, CONVICÇÕES E OBJEÇÕES DIFERENTES

Nenhum de nós conhece a verdadeira natureza do mundo ou da realidade. Recebemos uma quantidade limitada de informações através dos nossos sentidos e formamos então os mapas mentais que correspondem em maior ou menor grau ao mundo exterior. Estes mapas mentais tornam-se a nossa realidade. Consideramos a nossa verdade qualquer informação filtrada através dos nossos sentidos e que tenha sido alterada psicologicamente por meio de nossas experiências passadas.

Que tipos de amigos você tem? Você e seus amigos compartilham muitas opiniões e convicções? Imagine a seguinte cena: você convidou uma de suas melhores amigas para jantar em sua casa.

— Eu não sabia que você gostava de bifes — ela exclama. — Mas tudo bem. Em todo caso, eu realmente não estava com fome. Vou me sentar por aqui e ouvir alguma música até você terminar de comer. Meu Deus! A maioria de seus discos é *country music*. E uma porção de Willie Nelson. Ele tem mais fama do que merece. É realmente um vadio sem talento. Eu não o suporto. Surpreende-me que você tenha gastado dinheiro com esse lixo.

Existe a possibilidade de acontecer tal coisa? Seus amigos atacam suas opiniões, valores e convicções com freqüência?

Pense sobre uma guerra: pessoas matam e morrem por causa de opiniões e convicções. Você acha que seria importante compreender as suas funções no mundo das vendas e das administrações?

COMO SER HONESTO

As pessoas falsas têm menos êxito nos negócios, ou pelo menos são menos estimadas do que o resto das pessoas. Você deve conhecer o tipo: os conciliadores demasiadamente agradáveis que concordam com tudo o que você diz e que simplesmente gostam de tudo que você gosta:

— Judy, que casaco maravilhoso você está usando. Ah! e eu estava acabando de notar o quanto são maravilhosas estas estampas artísticas das paredes. Você poderia ser uma decoradora da revista de decoração *House Beautiful!* E olha, encontrei-me por acaso com a sua secretária na loja, e sabe de uma coisa? Ela me disse que você é a melhor chefe que ela teve até agora!

Essas pessoas demasiadamente agradáveis têm boas intenções, e têm também uma compreensão básica do poder dos sistemas de convicções pessoais. Elas sabem que é perigoso atacar os sistemas de convicções alheias porque seria atacar a sua realidade. O que elas precisam aprender é fazer o acompanhamento das crenças, com discernimento e habilidade.

As crenças de uma outra pessoa podem ser acompanhadas, desde que você esteja sendo honesto e verdadeiro com as suas próprias convicções, usando o "princípio do 101%". Helen Hoyer, uma das principais agentes imobiliárias da região Noroeste, faz uso deste princípio intuitivamente.

Helen é especialista em vendas de grandes fazendas. Como nas muitas formas de vendas, uma vez que as pessoas interessadas ficam conhecendo melhor o vendedor, com freqüência eles trazem à baila tópicos potencialmente perigosos como a política e a religião. O exemplo abaixo mostra como Helen faz, de maneira hábil, o acompanhamento das diversas opiniões e convicções sem, contudo, comprometer a sua integridade.

Ela estava mostrando uma fazenda a um rico fazendeiro, defensor incondicional de Ronald Reagan. Isso era de fato um desafio, pois Helen não apoiava Reagan. Ela sabia, no entanto, que seria um suicídio discordar plenamente da crença de seu possível cliente. Então, Helen selecionou algo que ela realmente admirava em Reagan e conversou sobre quão saudável ele se parecia e sobre sua habilidade em oratória. Ela demonstrou muito entusiasmo ao afirmar tais opiniões, as quais ela mantinha com sinceridade. O fazendeiro mudou a discussão para essa área de igual opinião, esquecendo-se completamente dos programas econômicos e políticos de Reagan. O relacionamento entre os dois floresceu e posteriormente o fazendeiro adquiriu duas propriedades de Helen.

Ela conseguiu redirecionar a atenção do fazendeiro, selecionando uma área relativamente pequena de acordo (1%), e assim somou-a aos 100% de seu entusiasmo. É daqui que surge a noção do princípio de 101%. As opiniões e convicções são complexas, e sempre existe alguma parte do sistema de valores de uma pessoa com a qual você pode concordar. E o princípio de 101% nos lembra disso. Freqüentemente, existem 20 ou 30% com os quais podemos concordar. Uma vez que essa área de concordância é encontrada, o entusiasmo entra em cena.

O estabelecimento da confiança e *rapport* no relacionamento é uma arte e uma ciência, exigindo algum trabalho, porém todos os esforços são ricamente recompensados. O que é muito mais simples e fácil de se fazer é destruir a confiança e a harmonia de um relacionamento. A sua receita é discordar das convicções e dos valores da outra pessoa.

É importante fazer uma distinção aqui entre as convicções de níveis mais emocionais e aquelas referentes a características e aspectos de um produto. Convicções sobre assuntos como a política, religião, movimentos feministas, ação afirmativa e outras opiniões firmes fazem parte do sistema do *ego* de uma pessoa. Não se consegue atacar as suas convicções sem também atacar a própria pessoa e a sua auto-estima. Para algumas pessoas, isto é quase imperdoável. As convicções sobre as características, vantagens e benefícios de um produto podem também ser acompanhados de maneira aproveitável, porém é mais seguro orientar o indivíduo para novas áreas de compreensão pois são bem menos ligadas ao *ego*. Esta técnica será descrita no capítulo 9.

Uma vez que um clima de confiança e de *rapport* tenha sido estabelecido será conveniente enfrentar as inevitáveis diferenças envolvidas na venda ou no ato de influenciar. O indivíduo que evita encarar as diferenças faz um trabalho semiprofissional de agradar pessoas, e corre o risco de ser visto como fraco. As pessoas demasiadamente agradáveis se esquecem de que o respeito é um ingrediente importante quando se quer influenciar alguém. Com freqüência, os clientes, subordinados e colegas esperam ser orientados e receber conselhos. Na falta disso, surge o desapontamento.

O que fazer nessas raras ocasiões quando parece ser impossível concordar até mesmo com 1% das convicções de uma outra pessoa? Mesmo em tais situações não é necessário mentir. As pesquisas descobriram que os maiores vendedores dizem algo como: "Jim, tenho a certeza de que se eu estivesse na sua posição, eu me sentiria exatamente da mesma maneira."

Este método aparentemente simples é eficaz, útil e verdadeiro. Se você tivesse os mesmos pais, tivesse freqüentado as mesmas escolas, tivesse tido os mesmos amigos, lido os mesmos livros, e compartilhado tudo das demais experiências básicas de trabalho e casamento, seria provável que você tivesse os mesmos pontos de vista. No entanto, você pode dizer com honestidade: "Consigo ver

42

e apreciar onde você quer chegar, e seu eu estivesse na sua posição provavelmente me sentiria da mesma maneira. Respeito a sua opinião." Com isso, você estaria também comunicando que respeita o outro. Isso é fundamentalmente o que a maioria das pessoas quer e precisa ouvir. Portanto, você pode vender para pessoas cujas convicções são muito diferentes das suas.

Qual é o segredo da habilidade e do tato ao se lidar com pessoas? Sempre há algum modo de estabelecer confiança e harmonia no relacionamento e um importante sentimento de concordância. Mesmo que não consiga concordar com as opiniões e convicções de outra pessoa, você pode acompanhar o ritmo e o volume da voz e a linguagem corporal. Os grandes vendedores dão aos clientes a sensação de estarem sendo compreendidos, aprovados e ajudados. Eles conseguem isso ao fazer o acompanhamento simultâneo dos níveis conscientes e subconscientes dos seus clientes. É sempre possível estabelecer mais confiança e *rapport*, usando-se o acompanhamento.

CONTROLANDO O FUTURO

Você gostaria de ter a habilidade de influenciar, de alguma forma, a maneira como as pessoas vêem o futuro? As técnicas da ponte-para-o-futuro podem permitir-lhe ter tal habilidade.

Atualmente, grande parte do mundo está orientado para o futuro. O Japão é geralmente visto como sendo um dos países mais orientados para o futuro, seguido de perto pelos Estados Unidos. Com o advento de sistemas de comunicações mais sofisticados e mais rápidos, algo que acontece numa parte do mundo é instantaneamente transmitido para todas as outras partes. As tendências propagam-se com rapidez cada vez maior. Um *best-seller* recente nos deu uma idéia do futuro, examinando as mega-tendências.

Pode-se fazer a ponte-para-o-futuro, pode-se equipará-lo ou espelhá-lo, tanto na comunicação oral como na escrita:

Você está lendo, neste momento, algo sobre as novas dimensões na comunicação do ramo de vendas. Muitas delas podem atraí-lo por serem fascinantes e potencialmente muito úteis. Você já está aprendendo como poderia aplicar algumas dessas dimensões com seus clientes dia após dia. Ao fazer isso, você se tornará mais e mais hábil, e isso, por sua vez, fará com que seja cada vez mais fácil para você conseguir êxito. A sua influência crescerá, e será mais fácil você conseguir as coisas que deseja. O seu relacionamento também será melhor com mais e mais pessoas, pois isto já está dentro de suas possibilidades. Você já pode ver isto se tornando realidade no seu futuro.

43

Nesse exemplo, começamos por fazer a ponte-para-o-futuro de alguns fatos indubitáveis: no momento, você *está* lendo algo sobre algumas novas dimensões das comunicações do ramo de vendas. Fazemos então, uma ponte-para-o-futuro. Por que as pessoas aceitam esse tipo de linguagem? Antes de tudo, porque ela é construída sobre uma base de acompanhamento de afirmações acerca do futuro. Assim, passa-se a fazer afirmações gerais sobre o futuro. Aquilo que é dito já aconteceu e se tornou realidade para muitas outras pessoas — então, por que não para você também?

É importante que a ponte-para-o-futuro seja feita de maneira bastante geral, principalmente no início. A mente do seu interlocutor irá aos poucos acostumando-se às palavras que você usa, dando-lhes um significado mais pessoal. Use afirmações que se ajustem ao indivíduo e que sejam impossíveis de suscitar discordância. Fale sobre eventos agradáveis e de desenvolvimentos que trazem prazer. Seria interessante sugerir que as pessoas podem crescer, modificar-se e aprender. Esta é uma das mais importantes mensagens programadas que qualquer vendedor ou administrador pode dar. Concentrar-se nas mensagens agradáveis faz com que o seu cliente queira continuar a ouvir aquilo que você tem a dizer.

Eis aqui alguns exemplos de outras pontes-para-o-futuro que você poderá usar:

- "Algum dia você irá aposentar-se e..."
- "Algum dia seus filhos tornar-se-ão adultos e..."
- "Algum dia você provavelmente quererá expandir esta fábrica e..."
- "Algum dia você quererá descansar um pouquinho e..."
- "Com toda a sua energia e inteligência, você pode ter uma expectativa de..."
- "Imagine a maneira como você quer que a sua fábrica seja no futuro."

Você sabe que está na hora de parar de fazer a ponte-para-o-futuro quando notar que seus clientes fazem pequenos gestos com a cabeça ou disserem "sim, sim" às suas afirmações. Tire proveito desses sentimentos de concordância; use-os como instrumentos de novas compreensões.

Com a prática, a ponte-para-o-futuro poderá ser usada em praticamente todas as ocasiões. Torne-se um colecionador de informações acerca do seu cliente, o seu trabalho, seus *hobbies*, a sua família, os seus interesses, daquilo que gosta e de que desgosta, pois isto possibilitará falar quase sem esforços e acuradamente sobre o futuro de seu cliente. Os astrólogos e os médiuns já conhecem há muito tempo o segredo de fazer a ponte-para-o-futuro, que não é uma arte secreta, mas sim prática, que pode ser usada com eficácia até mesmo nos ambientes de negócios mais conservadores.

O segredo da ponte-para-o-futuro é falar de maneira clara e sincera. A eficiência da ponte-para-o-futuro diminui muito, se os argumentos forem usados de maneira descuidada. No entanto, o presidente pode surgir na televisão em transmissão para todo o país e dizer: "O nosso programa de previdência social estará atravessando uma grande crise no futuro próximo", e milhões de.cabeças assentirão simultaneamente. A afirmação em si não contém nenhuma informação nova e poderia ser até banal. Mas quando dita de maneira significante, estabelece de forma mais eficaz um clima de confiança e de *rapport* e consegue indicar melhor o caminho para a sua nova proposta, do que afirmações mais concretas, detalhadas, e que contêm muito mais riscos.

Quando o seu cliente começar a enviar sinais de concordância, comece então a orientá-lo para novas áreas de debate. Se você encontrar alguma resistência, volte simplesmente atrás até o ponto onde estavam de acordo. Restabeleça então a confiança, olhe novamente para o seu futuro, restaure os bons sentimentos, e proceda confiantemente em direção do fechamento do negócio.

4

COMO OFERECER INFORMAÇÕES
IRRESISTÍVEIS AO SEU OUVINTE

O VIDENTE

Minha amiga Irma todos anos lê a sua sorte, e fica surpresa com o quanto os adivinhos sabem a seu respeito. E, no entanto, Irma não é nenhuma boba. Ao invés de visitar apenas um, ela consulta três ou quatro, em diferentes partes da cidade. Invariavelmente, tanto o leitor das folhas de chá, o quiromante e o astrólogo lhe dizem coisas tão semelhantes que a deixam sem fôlego. Na última visita eles lhe disseram que ela se casaria em março. Seria isto coincidência entre adivinhadores que nem mesmo se conhecem?

Coincidência? Bem, não exatamente. Tais adivinhos, leitores de mentes realmente sofisticados e fleumáticos convencem clientes que nunca viram antes de que sabem tudo sobre a sua personalidade e os seus problemas. Assim, eles dividem com os melhores vendedores do mundo — homens e mulheres que desenvolveram as suas habilidades intuitivas com a precisão de um sonar — uma habilidade das mais valiosas. Você, o profissional de vendas que trabalha com seriedade, tem agora um instrumento mental completamente familiar que lhe permitirá desenvolver de maneira deliberada a sua percepção intuitiva e programar os seus clientes para que lhe dêem a resposta esperada para a compra. Você talvez não queira tornar-se um adivinho, mas pode tornar-se um comunicador de primeira linha.

Por que certas pessoas gostam de ouvir discos, enquanto outras preferem sentar-se com um livro nas mãos e outras, ainda, preferem usar o seu tempo livre praticando *jogging*? Por que certas pessoas precisam que lhes digam "eu te amo", enquanto outras percebem isso num olhar e nada precisa ser dito? Por que certas pessoas conseguem seguir instruções verbais, enquanto outras precisam ter tudo escrito e diagramado de forma cuidadosa? Por que certas pessoas reconhecem seu rosto após 20 anos, mas não se lembram do seu nome, e vice-versa?

As pesquisas indicam que tais diferenças parecem ter pouca relação com a inteligência ou a educação. Essas descobertas impressionantes insinuam que todas as pessoas têm um canal de comunicação da sua preferência — visual, auditivo ou orientado para a ação-sensação-movimento. Em outras palavras, algumas pessoas são visuais, outras são auditivas, e outras ainda são cinestésicas. O que é importante para o profissional de vendas é saber que existe uma profunda diferença entre os tipos de informação que seus clientes preferem e aos quais reagem. Ao descobrir o canal favorito de seu cliente você estará a meio caminho andado para a realização de uma venda.

Se o cliente for bastante visual ("Isso me parece ser bom. Isso não está claro. Você poderia esclarecer o assunto?") use o acompanhamento da linguagem visual. O cliente o compreenderá com mais facilidade pois você estará falando a linguagem dele. Se ele for orientado para o auditivo ("Isso soa bem. É um sucesso estrondoso."), acate a sua escolha e use a mesma linguagem, e assim o cliente não só irá confiar em você, como compreenderá com mais facilidade o que você lhe disser.

Se o cliente utiliza palavras que expressem ação, sensação e movimento ("Não consigo controlar isso. Não quero entrar numa fria."), também neste caso fale a sua linguagem, assim ele ficará, com certeza, muito satisfeito.

Quando conseguir detectar e acompanhar a linguagem específica dos seus clientes, você será muito bem recompensado. Como os canais da comunicação são uma parte importante do acompanhamento, este assunto será tratado ulteriormente, de maneira mais detalhada.

O fato de que cada um de nós tem o seu canal favorito de comunicação é muito importante para o profissional de vendas. De que maneira as pessoas escolhem um produto? Algumas baseiam-se no que elas vêem, outras naquilo que ouvem, e outras ainda naquilo que sentem. Para aumentar as suas chances de êxito com cada uma dessas pessoas é importante aprender a identificá-las e falar a sua linguagem.

Usando o sistema de comunicação dessas pessoas, você faz com que se torne mais fácil para elas receber, absorver e acreditar naquilo que você está dizendo. Se você percebe o mundo de maneira diferente delas e comunica isso de maneira inconsciente, muitas das suas melhores qualidades serão dispersas ou perdidas e tudo o que poderá dizer é que o seu interlocutor não estava prestando atenção. Você tem que reconhecer e reagir à informação e aos estímulos que o cliente considera importantes. Se não conseguir fazer isto é como se um cego tentasse vender algo a um surdo. Uma informação que pode parecer-lhe relevante pode não o ser para o seu cliente. Existe algo de intuitivo na maneira como os grandes ministros, advogados, apresentadores de programas, políticos, psicólogos e vendedores relacionam-se com os outros. Seus sistemas de captação fazem com que eles desenvolvam um conhecimento a respeito das outras pessoas, ao qual reagem automaticamente. Até há pouco tempo, essa dimensão extra era desconhecida. A modelagem, uma nova técnica de pesquisa que faz uso de câmeras de alta velocidade e de trilhas sonoras, demonstra que as pessoas captam sinais reveladores nas faces, vozes e comportamentos de outrem. Elas processam e reagem a tais sinais num lampejo, estabelecendo assim a confiança e *rapport* vitais no seu relacionamento com outras pessoas. Esta informação tornou-se agora acessível e pode ser aprendida por qualquer vendedor profissional que esteja interessado em adquirir este conhecimento. As pessoas inexperientes pensam que todos percebem o mundo da mesma maneira que elas, porém os vendedores experientes sabem que não é exatamente assim. Eles não deixam de reconhecer que as pessoas vêem, ouvem e sentem de maneira diferente. O problema é o que fazer com isso.

Por outro lado, os campeões de vendas não só sabem que as pessoas são diferentes, como também sabem como tirar vantagem dessas diferenças. É isto que faz com que eles sejam comunicadores convincentes e profissionais competentes. Com freqüência, a sua experiência é intuitiva, e não são capazes de explicar o que eles fazem com tanta habilidade. Abraham Maslow chama-os de "competentes inconscientes". Eis a razão porque alguns dos melhores profissionais de vendas não sabem ensinar a sua habilidade aos outros.

O seu cliente achará a sua mensagem estimulante e agradável, e o seu impacto será mais profundo, se você usar o canal de comunicação preferido dele.

Como descobrir o seu canal favorito? Uma das maneiras é pensar no que prefere fazer durante o seu tempo livre. Isso lhe dará uma idéia básica acerca das suas informações e atividades preferidas, sendo também uma indicação sobre a maneira como você prefere aprender e comunicar.

Não importa quão sincero e atencioso você seja nas suas apresentações de vendas — não importa quanta habilidade, energia ou conhecimento dos produtos você possa transmitir — a não ser que você fale a linguagem do cliente, a qualidade do seu desempenho de vendas será sacrificada, e muito daquilo que você fizer será desperdiçado.

Nas figuras 4-1, 4-2 e 4-3 você encontrará a Lista de Verificação de Preferência criada para ajudar o profissional de vendas a descobrir as suas maneiras preferidas de se relacionarem com o mundo. Note os 20 itens em cada um dos três canais de comunicação. Coloque um X ao lado de cada item que seja verdadeiro para você. Não pense muito sobre os itens — a sua primeira suposição é provavelmente a mais correta. Se algum item deixá-lo em dúvida, pergunte então à sua esposa (ou esposo) ou a um amigo seu. É provável que eles consigam responder o item sobre você rápida e corretamente.

Uma vez que tenha lido todos os itens e assinalado aqueles que são verdadeiros para você, adicione os números assinalados para cada uma das orientações (visual, auditiva e sensação-movimento-tato). Você ficará surpreso ao descobrir qual é o seu canal de comunicação mais forte e o mais fraco.

Por que as filas da lanchonete andam tão lentamente? Por que as crianças refletem cuidadosamente sobre os 27 maravilhosos sabores das latas de sorvete? Porque elas testam internamente cada um dos sabores. Não somente isso, mas também examinam a aparência e o que as outras pessoas poderiam dizer a respeito de um prato. Até mesmo o tato pode ser importante, pois, se não fosse, todos nós estaríamos comendo alimento de bebês.

As pessoas que viajam dizem que, em outros países, as pessoas são mais orientadas para o sabor e o cheiro. As nossas preferências de comunicação são o resultado da nossa cultura e formação. Os canais de informação de gosto e cheiro não são muito desenvolvidos na nossa sociedade, e existem algumas razões para tanto. Conseguimos descrever através do nosso discurso aquilo que vemos e fazemos, mas temos dificuldades crescentes em descrever sons, gostos e odores. Até mesmo as palavras descritivas da nossa língua referentes aos três últimos canais de comunicação são menos numerosas. Usamos com freqüência palavras que descrevem as sensações, a visão e os sons para enfatizar nossas descrições.

Por exemplo, a cerveja é considerada densa ou leve (sensação); o perfume e a loção após barba são descritos como inebriantes ou másculos. A nossa sociedade não foi capaz de desenvolver e aperfeiçoar estes dois canais enquanto instrumentos de comunicação de confiança.

Figura 4-1

LISTA DE AVALIAÇÃO DE PREFERÊNCIA DE ORIENTAÇÃO VISUAL

———— 1. Quando não tenho nada para fazer à noite, gosto de assistir televisão.
———— 2. Uso imagens visuais para me lembrar de nomes de pessoas.
———— 3. Gosto de ler livros e revistas.
———— 4. Prefiro receber instruções por escrito do que oralmente.
———— 5. Escrevo listas das coisas que tenho que fazer.
———— 6. Sigo rigorosamente as receitas quando estou cozinhando.
———— 7. Consigo montar miniaturas e brinquedos com facilidade se seguir as instruções escritas.
———— 8. Gosto de jogos do tipo do Top-Letras e do jogo da senha.
———— 9. Cuido muito da minha aparência.
———— 10. Gosto de ir a exposições artísticas e a museus.
———— 11. Mantenho uma agenda, onde registro o que faço.
———— 12. Em geral gosto das fotografias e dos trabalhos artísticos utilizados em publicidade.
———— 13. Escrevo resumos de todos os pontos pertinentes ao estudar para uma prova.
———— 14. Consigo localizar-me com facilidade numa cidade nova se eu tiver um mapa.
———— 15. Sempre gosto de manter a minha casa com a aparência limpa.
———— 16. Todos os meses assisto a dois ou mais filmes.
———— 17. Não tenho boa impressão de alguém se ele não estiver bem vestido.
———— 18. Gosto de observar as pessoas.
———— 19. Sempre mando consertar o mais rápido possível os arranhões do meu carro.
———— 20. Acho que flores frescas realmente embelezam a casa e o escritório.
———— Total de pontos de Orientação Visual.

Figura 4-2

ORIENTAÇÃO AUDITIVA

———— 1. Gosto de ouvir música quando não tenho nada para fazer à noite.
———— 2. Para lembrar o nome de alguém, eu o repito várias vezes para mim mesmo.
———— 3. Gosto de longas conversas.
———— 4. Prefiro que o meu chefe me explique algo oralmente do que por escrito.
———— 5. Gosto de programas de variedades e de entrevistas no rádio e na televisão.
———— 6. Uso rimas para me lembrar de coisas.
———— 7. Sou bom ouvinte.
———— 8. Prefiro saber das notícias pelo rádio do que pelos jornais ou revistas.
———— 9. Falo bastante comigo mesmo.
———— 10. Prefiro ouvir uma fita cassete sobre um assunto do que ler sobre ele.

—————— 11. Sinto-me mal quando o meu carro faz um barulho estranho (quando batuca ou sibila etc.).

—————— 12. Posso dizer muito sobre alguém somente pelo tom da sua voz.

—————— 13. Compro muitos discos e fitas gravadas.

—————— 14. Estudo para um teste lendo as minhas anotações em voz alta ou estudando com outras pessoas.

—————— 15. Prefiro fazer uma palestra sobre um tópico do que escrever um artigo.

—————— 16. Gosto de assistir a concertos e a apresentações musicais.

—————— 17. As pessoas às vezes dizem que falo demais.

—————— 18. Quando estou numa cidade estranha, gosto de parar num posto de gasolina para pedir informações.

—————— 19. Converso com o meu cão ou gato.

—————— 20. Converso em voz alta comigo mesmo quando estou resolvendo um problema de matemática.

—————— Total de pontos para a Orientação Auditiva.

Figura 4-3

ORIENTAÇÃO POR SENSAÇÃO-MOVIMENTO-TATO

—————— 1. Gosto de fazer exercícios físicos.

—————— 2. Quando estou com os olhos vendados consigo distinguir os objetos pelo tato.

—————— 3. Quando ouço música não consigo deixar de batucar com os pés.

—————— 4. Gosto de estar ao ar livre.

—————— 5. Tenho boa coordenação motora.

—————— 6. Tenho tendência a ganhar peso.

—————— 7. Compro certas roupas porque gosto do toque do tecido.

—————— 8. Gosto de criar animais de estimação.

—————— 9. Toco nas pessoas quando estou conversando com elas.

—————— 10. Quando estava aprendendo a datilografar, aprendi rapidamente o sistema de toques.

—————— 11. Quando era criança fui muito carregada no colo e tocada.

—————— 12. Aprecio mais praticar do que assistir esportes.

—————— 13. Gosto de tomar um banho quente no fim do dia.

—————— 14. Eu realmente gosto de ser massageado.

—————— 15. Sou um bom dançarino.

—————— 16. Não consigo viver sem freqüentar uma academia de ginástica ou uma Spa.

—————— 17. Gosto de levantar-me e me espreguiçar com freqüência.

—————— 18. Posso dizer muito sobre uma determinada pessoa simplesmente pelo modo com que ela aperta as mãos.

—————— 19. Se eu tiver tido um dia ruim, meu corpo fica muito tenso.

—————— 20. Gosto de fazer artesanatos, trabalhos manuais e/ou de construir coisas.

—————— Total de pontos para a Orientação por Sensação-Movimento-Tato.

Quantos pontos você fez nas listas de avaliação? Você se dava conta de que possuía um canal de comunicação favorito?

Os comerciais de TV apelam para um ou mais dentre os cinco sentidos. Por exemplo:

- Ver (os dentes brancos)
- Ouvir (as batatinhas fritas crocantes)
- Sentir ou tocar (a pele macia ou tecidos)
- Saborear (a cerveja leve)
- Cheirar (a fragrância do sabonete)

Charles de Gaulle, ex-presidente da França, discutia assuntos importantes enquanto caminhava com seus visitantes. A atividade física era o ponto de partida dos seus melhores pensamentos e conversas. A sua orientação era para sensação, movimento e ação. O mesmo aplica-se a milhares de homens de negócios que andam para lá e para cá enquanto ditam.

Compare essas pessoas com as que têm um desempenho melhor ao escrever seus pensamentos antes de uma reunião, isto é, os visuais, e com as pessoas que preferem usar gravadores, isto é, os auditivos.

A IMPORTÂNCIA DOS CANAIS DE COMUNICAÇÃO

Agora você sabe se tem tendências visuais, auditivas ou de ação, sentimento e movimento. Da mesma forma que você, os seus clientes também possuem uma tendência predominante. A pergunta é: você tem consciência das tendências dos clientes e sabe como usá-las para fazer melhores apresentações?

A importância dos canais de comunicação jamais será valorizada demais. Como os sentidos olfativo e gustativo nem sempre aparecem em situações de vendas, ficamos limitados a compreender o mundo através dos nossos olhos, ouvidos e do nosso senso de ação-sensação--movimento. Pense no que isto significa: seu cliente presta atenção apenas em sete coisas, e a maioria pode ser visual, auditiva ou de sensação. O que aconteceria se você fosse altamente orientado para o senso de ação-sensação-movimento e enfatizasse tais aspectos a um cliente que é visual? A não ser que você opere nos canais de seus clientes, para o visual alguma coisa "não lhe parece correta", para o auditivo "isso não soa bem", e o cinestésico, "não se sente bem com isso". No próximo capítulo você irá aprender como reconhecer e falar a linguagem que faz mais sentido para seus clientes.

Agora que você já conhece o seu sistema sensorial preferido, sabe quais os que deverá reforçar. Por exemplo, se você é visual, vive num mundo visual; você sabe fazer esboços e desenhar bem; observa bem detalhes visuais. Provavelmente julga as pessoas pela aparência. Você é capaz de dar uma olhada em fotografias e formar opiniões sobre o que você *gosta* e o que *não gosta*. Você sonha acordado com freqüência ou lembra dos seus sonhos noturnos. Como os seus sentidos visuais são altamente desenvolvidos, a sua capacidade para apreciar o mundo auditivo e de ação-sensação-movimento é de certa forma mais limitada. Tal desequilíbrio limita o seu desempenho em vendas.

Você já encontrou casais em que um dos parceiros reclama que o outro "nunca escuta aquilo que estou dizendo"? E o outro responde: "Nós não temos o mesmo ponto de vista." Tais pessoas vivem em mundos diferentes, um mundo visual e o outro auditivo. Os conselheiros matrimoniais precisam lidar com esse tipo de problema o tempo todo. Não dê oportunidade para que isto surja no seu trabalho de vendas.

Isso pode ser evitado, se você aumentar a sua consciência sensorial. Trabalhe, portanto, as suas funções secundárias. Se você for visual, procure apreciar os sons e a relação ação-sensação-movimento. Se você for auditivo fortaleça os seus sentidos visual e de sensação-movimento. E, se você vive num mundo de ação-sensação-movimento, desenvolva os seus sentidos visual e auditivo.

Quando você fortalece, de forma consciente, a sua capacidade de comunicação, irá descobrir um novo mundo de experiências. Procure ouvir o som dos alimentos ao comê-los, sinta a textura do tecido, observe cuidadosamente seu cliente enquanto o ouve. Os grandes vendedores não se permitem ficar presos em um único modo de percepção do mundo; eles lutam para aumentar a sua compreensão de todos os tipos de informação.

Existem muitas recompensas para aqueles que são conscientes da riqueza das informações que estão ao nosso redor. Você terá sempre o que dizer e o que vender, porque estará sentindo o aqui e o agora, e nunca ficará entediado. Há sempre algo a ser apreciado. Você se sentirá menos embaraçado pois estará sintonizado em tantas outras coisas em sua volta. Talvez o mais importante é que você será um vendedor muito mais eficiente, flexível e bem-sucedido.

5

DESCOBRINDO O CANAL DE INFORMAÇÃO PREFERIDO DO SEU INTERLOCUTOR

A LINGUAGEM VISUAL

Algumas pessoas nunca se esquecem de um rosto. Meu filho veio do Colorado para a nossa tradicional reunião familiar do Natal e entrou em uma loja de roupas de couro da cidadezinha onde ele tinha estudado na escola primária.

— Oi, Tom — disse o dono da loja —, há quanto tempo!

Tom ficou um pouco embaraçado e sem saber o que responder.

— Eu o conheço? — perguntou Tom.

— Claro que sim. Sou Ken Eaton. Entramos na escola primária juntos.

— Ah, agora me lembro — disse Tom. — Eu me lembro do seu nome. — Eles não se tinham visto nem falado desde quando eram garotos, há 22 anos.

Ken, o dono e fundador daquela loja, é um visual. No seu ramo de negócios, onde é importante acompanhar a moda, isso é uma coisa boa. Ele se lembra também das pessoas, de seus rostos e nomes, o que é uma outra característica visual. Porém, Tom não é visual. Mais pessoas o reconhecem e se lembram dele do que o inverso. Ele lembrou-se de Ken e o cumprimentou afetuosamente quando ouviu seu nome.

John Reichard era o presidente do centro acadêmico da universidade, e dava a impressão de fazer muito em pouco tempo. Para ele, nada era um "problema". Ele conseguia tirar as notas máximas durante os quatro anos de faculdade, sem jamais ter de virar a noite estudando como a maioria de nós fazíamos. De fato, ele nunca parecia fazer nenhum esforço para conseguir tirar notas altas. Será que John era mais inteligente e melhor estudante do que os demais?

Será que ele conseguia entender as coisas com maior rapidez? Talvez sim, talvez não. Pelo menos, não era essa a impressão que tínhamos. Mas uma coisa é certa: John tinha aquilo que chamamos de memória fotográfica. Como ele mesmo dizia, ele lia alguns capítulos de um livro, e no dia seguinte conseguia reproduzir palavra por palavra o que havia lido. Depois de um exame especialmente importante, um dos professores resolveu colocá-lo à prova e fez um teste com ele. John concordou prontamente, e teve sucesso. Ele era uma pessoa extremamente visual; possuía uma memória eidética.

Rafael, um dos maiores pintores do mundo, criou grande parte de suas obras de cor. Ele teria mesmo dito: "Eu apenas penso no objeto e o coloco na tela." Os caricaturistas e mímicos apreendem rapidamente as características essenciais de seus sujeitos e os imitam com perfeição. São observadores extremamente bons.

— Mas como isto poderia ajudar-me? — você deve estar se perguntando. Observando e ouvindo com perspicácia, você pode acompanhar o canal de comunicação preferido de outras pessoas a fim de que você possa falar a mesma linguagem. Você pode também seguir o conceito preferido dos especialistas da aprendizagem, que sabem há muito tempo que ouvir é bom; ouvir e ver é melhor ainda; e que ouvir, ver e fazer é o melhor de tudo.

Observe os movimentos oculares de seus clientes

Enquanto fala com você, um cliente orientado visualmente irá com freqüência olhar para cima ou deixar que os seus olhos movam-se da esquerda para a direita. Tais movimentos oculares estão associados à visualizações, e significam que o cliente está vendo com os olhos da mente. Tais pessoas usam a sua memória e a imaginação de maneira visual. Os outros sinais de visualização incluem um freqüente piscar de olhos, fechar os olhos, e o olhar vitrificado ou desfocado.

Preste atenção à linguagem visual

Os clientes que falam a linguagem visual usam com freqüência as seguintes palavras:

A luz de	Lampejo	Prever
Analisar	Ler	Reconhecer
Aparecer	Lindo como um retrato	Retrato mental
Aspecto	Memória fotográfica	Saliente
Bem definido	Minúsculo	Sem sombra de dúvida
Brilho	Mostrar	Sinal
Claridade	Não ter nada que	Sinal indicador
Claro	ver com	Sonho
Colírio para os olhos	Nítido	Ter uma imagem

Cônscio	Imagem mental	Ter uma perspectiva
Em vista de	Inspecionar	Vago
Esboçado	Notar	Ver
Espiar	Obscurecer	Ver claramente
Evidente	Observar	Verificar
Examinar	Olhar	Vigia
Fazer uma cena	Olhadela	Visão
Ficar vermelho de raiva	Olhar fixo	Visão embaçada
Foco	Olhar perdido	Visibilidade
Horizonte	Olho no olho	Vista
Idéia	Olho nu	Vista aérea
Idéia obscura	Olhos da mente	Luz no fim do túnel
Ilusão	Panorama	Vista curta
Ilustrar	Perspectiva	Vistoriar
Imagem	Ponto de vista	Vistoso

Observe a voz, a respiração, a linguagem corporal e a velocidade da fala

Os clientes que são altamente visuais tendem a respirar elevando o tórax e têm um tom de voz mais alto; falam em geral com muita rapidez, são mais para magros; e muitas vezes vestem-se melhor do que os outros do mesmo nível econômico.

Trabalhando com visuais

Para ter sucesso nas vendas com os visuais é preciso usar palavras visuais na apresentação de suas vendas, convidando o cliente em potencial a usar os olhos de sua mente. Por exemplo: "Imagine como estas plantas ficarão daqui a um ano." "Você consegue imaginar a expressão no rosto de sua esposa quando lhe der este anel?" "Imagine o aumento de produtividade que você terá com este novo sistema de computação." Faça amplo uso de panfletos, fotografias, recursos visuais, e quando for possível, use filmes e videoteipes. Tais recursos prendem a atenção do cliente, sendo muito mais difícil para ele fantasiar sobre coisas não relacionadas ao produto ou ao serviço. Desde que você use a linguagem natural do cliente, ele terá uma compreensão clara do seu produto ou serviço e se relacionará facilmente com você.

Numerosos estudos têm mostrado que, em geral, gostamos das pessoas que se parecem conosco. Os empregados que se assemelham ao patrão são os primeiros a serem contratados e os primeiros a serem promovidos. Os vendedores que são vistos pelo cliente como sendo "parecido comigo" suscitam confiança, e esta é a base para o êxito na comunicação humana.

Se todos os clientes, com exceção dos cegos, são capazes de ver e apreciar os panfletos de vendas e os aspectos visuais de um produto, por que não poderíamos usar palavras visuais e amostras com todo o mundo da mesma maneira? Pergunta interessante, resposta negativa. Não poderíamos fazer isso porque certas pessoas são fundamentalmente auditivas, enquanto outras são orientadas para a relação ação-sensação-movimento. Os capítulos posteriores deste livro irão mostrar-lhe como distinguir entre os diferentes tipos de clientes e como falar de maneira convincente com cada um deles. Todos os seres humanos, sem levar em consideração a inteligência, têm um tempo limitado de concentração, ficando facilmente entediados ou cansados. Como vendedor profissional, é extremamente importante que você entenda este fato e saiba como usá-lo. Se o seu cliente fala a linguagem visual e mostra outros sinais de que é visual, use as palavras visuais da página precedente. Não o oprima com palavras auditivas ou orientadas para a sensação, pelo menos não nos primeiros estágios da apresentação. Da mesma forma, quando o seu cliente for um auditivo ou um cinestésico, evite iniciar sua apresentação de venda usando a linguagem visual.

Por que mudar do visual para um outro canal de comunicação?

Uma das razões é para fazer com que os seus clientes sintam mais aspectos dos seus produtos ou serviços. Depois que a confiança e o *rapport* tiverem sido estabelecidos, você talvez deseje orientá-los para o mundo dos sons ou das sensações. Algumas pessoas ignoram inconscientemente muita coisa do mundo que as rodeia. Elas preferem o aspecto visual porque é mais fácil para elas. Elas perdem o mundo inteiro da audição e da sensação, porque elas não desenvolveram tais capacidades em si próprias. Tanto você como elas sairão ganhando muito, desde que você as oriente para os aspectos de seus produtos e serviços que apelam para a audição e a sensação. Trata-se de uma técnica de venda eficiente, porque provoca um impacto emocional sobre o cliente e torna-se um acontecimento que não será esquecível com facilidade. Será uma nova experiência para o cliente. Você encontrará mais informações sobre como fazer esta transição com eficiência no capítulo 9.

Uma segunda razão para se passar do visual para outro canal de comunicação é que isto irá lhe permitir penetrar a couraça daqueles que têm a mente rígida, pessoas que, como cavalos, parecem usar anteolhos. Com pontos de vista limitados ou fixos num detalhe particular, eles se entrincheiraram visualmente; possuem mais do que pontos cegos, no sentido comum: eles possuem áreas cegas, não têm visão periférica. Sendo assim, não são pessoas receptivas para os que estão ao seu redor.

Você conseguirá se comunicar com tais clientes mudando do visual para o canal auditivo ou o de sensação-ação. Isso induz uma leve confusão em suas mentes e faz com que eles queiram saber mais. Até esse ponto, você terá redirecionado as suas atenções, tornando mais fácil para eles pensar e julgar os seus produtos ou serviços de uma nova maneira.

Como introduzir um novo canal de comunicação

É importante fazer a distinção entre pessoas de mente aberta e aquelas de mente rígida no momento de mudar os canais de comunicação. Com as primeiras a transição é tranqüila e imperceptível, a ponto de desenvolver as suas experiências (técnicas da ponte). Com os clientes de mente rígida o propósito é surpreendê-los através de uma mudança para a linguagem auditiva e cinestésica. É como se você os tivesse virado pelo avesso e agora lhes apresentasse um mapa para que possam reorientar-se. Em vez de dizer-lhes que eles são pouco flexíveis ou que você está frustrado com eles, o que não leva a nada, isto fará com que percebam que estavam olhando somente para uma direção.

A LINGUAGEM AUDITIVA

Alguma vez você já se perguntou por que a maioria dos inventores são homens? Ou por que, durante meio século, os maiores pianistas e violonistas do mundo eram originários de Odessa, na Rússia? Ou então, por que durante uma certa época os melhores halterofilistas norte-americanos viviam em York, Pensilvânia? Ou por que a maioria dos comediantes são baixos de estatura? Ou por que a Alemanha Oriental ganha uma alta porcentagem de medalhas olímpicas, embora a sua população seja de apenas 17 milhões de habitantes?

A resposta é na programação intensiva dessas pessoas talentosas a um treinamento de habilidades e à motivação. Muitos comediantes recordam que a única maneira de competir com seus colegas de classe mais altos e mais fortes era a sua agilidade. Dá para imaginar um público mais difícil? Novamente, o que isto nos mostra? Condicionamento, e também programação. O fato de sermos visuais, auditivos ou cinestésicos * é na maioria dos casos uma questão de condicionamento.

O condicionamento é eficaz. A maratona não é mais reservada apenas aos homens; as mulheres tornaram-se competidoras de alto nível. Mesmo nas competições múltiplas que incluem uma maratona,

---

* Cinestésico — na PNL, trata-se do sistema sensorial que compreende sentimentos, sensações, olfato, paladar e tato, enfim, tudo o que precisa ser sentido para ser entendido.

seguida de uma prova de natação de resistência e de uma corrida de bicicleta de 80 km, há uma mulher entre os cinco melhores competidores.

E na área de vendas? O melhor vendedor de Cadillac, numa região onde a população é de quatro milhões de habitantes, é uma mulher.

Por que certas pessoas preferem o canal de comunicação auditivo? Porque elas foram programadas dessa maneira.

Certos pais dirão que suas filhas falaram mais cedo e melhor do que seus filhos. As pessoas não se surpreendem com a habilidade das meninas de verbalizar melhor, ou de aprenderem línguas estrangeiras mais rapidamente ou de memorizar poesias, canções e músicas de comerciais mais depressa. E não é esperado que os meninos sejam tão hábeis assim. Um velho provérbio italiano diz: "Os homens fazem; as mulheres falam." Será que isso implica que alguém seja mais predisposto a um certo canal de comunicação? A resposta é sim. E poderíamos mudar se quisermos? Sim, poderíamos.

Veja o caso de Albert Einstein. Sua família pensou que ele era retardado mental, pois ele só falou depois dos quatro anos de idade. Einstein não era auditivo; ele era extremamente visual. Mesmo assim, ele conseguiu ser um violonista relativamente bom.

Observe os movimentos oculares de seus clientes

Quando falamos sobre os visuais, dissemos que os seus movimentos oculares deviam ser observados. Agora que estamos falando sobre as pessoas auditivas, será que pediremos para observar as suas orelhas? É evidente que não. Mesmo no caso das pessoas auditivas, a pista são os movimentos oculares. Os movimentos oculares nunca são feitos de maneira aleatória. Eles são sinais de como as pessoas se lembram das cenas do passado, armazenam lembranças (circuitos de fitas), falam consigo próprias, e pensam. Se você observar cuidadosamente os clientes auditivos, verá que eles olham de vez em quando para a esquerda e para baixo. Os vendedores ousados, aqueles que observam as pessoas com perspicácia, usam esta pista vital para se sintonizarem na faixa de freqüência de seus clientes para melhorar a comunicação.

Observe a linguagem corporal e a voz

Pense no cérebro como um programa de computador e os olhos como uma tela do vídeo. Além dos movimentos oculares, o programa auditivo é "ligado" quando a mão do cliente toca a sua própria face, dá batidinhas no queixo, ou quando esfrega o queixo. É provável que ele fique no que se chama de posição do telefone, durante a qual fica dialogando internamente, o que significa que ele fala consigo próprio sem mexer os lábios. Estudos mostram que isto acontece até mesmo nas culturas onde não existem telefones. Da próxima vez que você se der conta de estar descansando o queixo na mão, pergunte-se: "O que estou falando comigo mesmo?" Depois de algumas vezes de prática você desenvolverá um elevado grau de percepção de seu diálogo interno, e será capaz de determinar se você programou a si próprio de maneira positiva ou negativa.

Os clientes de orientação auditiva terão um tom de voz uniforme e agradável. Ocasionalmente, você poderá ouvi-los sussurrando, assobiando, ou fazendo pequenos barulhos com a boca.

Ouça a linguagem auditiva

Aqueles que preferem a linguagem auditiva usam com freqüência as seguintes palavras:

Afirmar	Discutir	Ouvir por acaso
Agudo	Divulgar	Palavra por palavra
Alcance da voz	Dizer	Poder da fala
Alto e claro	Dizer a verdade	Proferir
Amplificar	Entrevista	Proferir aos gritos
Anunciar	Enunciar	Proclamar
Articular	Escutar	Pronunciar
Audível	Exclamar	Quieto
Barulho	Expressado com clareza	Relatar
Bem informado	Expressar-se	Relator
Boato	Expressar uma opinião	Repreensão
Chamar	Falar	Resmungo
Citado	Mandar calar	Ronronar
Com a língua presa	Fique quieto	Rugido
Comentar sobre	Fofoca	Sala de fofocas
Comunicar	Grito	Sessão de debate
Contar	Grito agudo	Silêncio
Conversa fiada	Indagar	Sintonizado ou
Conversar	Informar	dessintonizado
Convidar	Melodia	Som
Dar uma entrevista	Mencionar	Sonoro
Declarado	Modo de falar	Sugerir
Delatar	Perder a voz de susto	Tagarela
Dê-me uma explicação	Opinião considerada	Tom
Desafinado	Oral	Vocal
Descrever em detalhes	Ouvir	Voz

Trabalhar com pessoas auditivas

Aprenda a falar a linguagem dos clientes auditivos usando palavras de orientação auditiva da lista acima. Diga-lhes para que escutem a opinião de outras pessoas sobre a mercadoria que compraram. Por exemplo: "Seus vizinhos farão comentários sobre o silencioso cortador de grama que você pode usar às 6 horas da manhã, aos sábados." Ou então: "Seu chefe irá cumprimentá-lo pelo seu

60

bom senso ao escolher uma máquina de tratamento de texto ao invés de uma máquina de escrever."

Informe aos seus clientes auditivos sobre o que os peritos, as revistas especializadas e os outros clientes dizem a respeito do seu produto. Por exemplo: "O *Consumer's Report* diz que é a melhor compra no mercado." Ao receber a visita de um cliente auditivo, dê-lhe os números de telefones de dois ou três clientes que estão satisfeitos com você. Quando o cliente ouvir aquilo que estas pessoas lhe dirão, o impacto será positivo.

Fale a linguagem do cliente, pois para ele isto parecerá natural, e ele perceberá, intuitivamente, que faz sentido. Se você citar o nome de uma pessoa que o cliente respeita, isso terá um efeito positivo porque você estará sintonizando-se diretamente no seu canal de comunicação. Chame a sua atenção fazendo comentários sobre os sons do seu produto, se for o caso: "Quando trancamos esta porta, quase não se escuta barulho nenhum." Ou então: "Ouça esta nova máquina de estampar placas: é duas vezes mais silenciosa do que aquela que você possui atualmente." Se você falar a linguagem auditiva dos seus clientes, eles irão sentir que você os compreende, e vocês estarão em harmonia.

Estas seções sobre a linguagem visual, auditiva e cinestésica lidam com a confiança e o *rapport* no relacionamento com os clientes. A confiança é a base de todas as comunicações humanas realizadas com êxito e de todas as vendas bem-sucedidas. Identificar-se com a linguagem preferida do cliente é a maneira mais rápida que se conhece para estabelecer a confiança de maneira eficaz. Estudos confirmam que gostamos das pessoas que se parecem conosco. Eles mostram que os primeiros empregados a serem contratados e os últimos a serem demitidos são aqueles que mais se assemelham ao chefe. Isso pode não ser justo, mas o mundo é assim mesmo. Para ser um vendedor eficiente e de confiança, você deve comunicar ao cliente que você se parece com ele. E isto ficará evidente se você usar a linguagem auditiva com um cliente auditivo.

Todos os clientes, exceto aqueles que são surdos, são capazes de ouvir e apreciar informações auditivas. Logo, não deveríamos usar a linguagem auditiva com todos os clientes igualmente? Não, não deveríamos. Certos clientes são fundamentalmente visuais, e outros são cinestésicos. O mundo é tão complexo que nenhum ser humano pode prestar a mesma quantidade de atenção para as informações visuais, auditivas, cinestésicas ou de ação. Todos têm um canal preferido de comunicação, e isto nos auxilia a simplificar a complexidade do mundo. Ajuda também o cliente a decidir no ato da compra. A verdade é que os clientes não prestam a mesma atenção a todos os aspectos de um produto ou serviço.

A linguagem auditiva não funciona bem com um cliente que seja visual ou cinestésico; tal linguagem não lhe parece correta ou não se sente bem quando a escuta. Você pode ter usado inadivertidamente a linguagem auditiva para com alguns de seus clientes de orientação visual ou cinestésica-ação. Isto acontece se você for auditivo. Nem você, nem o seu cliente poderiam ter ficado cientes do que saiu errado — tudo o que você sabe é que algo parecia não estar correto, não encaixava nem soava bem. E você não realizou a venda. Está na hora de você aumentar a percepção das preferências de tais linguagens entre as pessoas, para que possa aprender a falar a linguagem de seus clientes.

Existem momentos em que você não quer usar a linguagem auditiva, ou em que é melhor usá-la pouco.

Quando sair do canal auditivo

Após estabelecer a confiança e *o rapport* com o seu cliente, talvez você decida mudar de canal. Chame a atenção do cliente para o mundo das informações visuais ou cinestésicas. Certas pessoas são tão auditivas que minimizam os aspectos visuais e cinestésicos de seus produtos ou serviços. Atualmente existem inúmeros vendedores cujas preferências das características de seus produtos limitam seriamente o número de pessoas a quem eles podem vender com êxito. Eis uma ilustração.

Há alguns anos, trabalhando com algumas das companhias telefônicas da Bell, senti que havia um forte preconceito contra todos os aparelhos telefônicos, exceto os mais funcionais por parte de alguns dos funcionários da parte de instalação e consertos. Eles não queriam projetar telefones de modelos diferentes por acharem que custariam caro demais. Eles não estavam cientes de que as pessoas compram por razões completamente diferentes das deles. Uma vez que se deram conta disso as vendas foram literalmente dobradas, triplicadas e quintuplicadas. Estes funcionários fizeram uma importante descoberta — as pessoas compram telefones por diversão, ou como objeto de decoração, ou pelo som dos toques. Outros compram por *status*, ou para se protegerem contra roubos, ou por conveniência, ou por uma maior privacidade. Foi então que surgiram os telefones de diferentes modelos.

A fim de atingir um número maior de clientes, você tem que introduzir outros canais de comunicação, tais como os aspectos visuais e cinestésicos dos produtos ou serviços que oferece. Esta é uma técnica de vendas muito eficiente, pois você estará realmente abrindo um novo mundo de experiência para esse tipo de clientes e para si mesmo. Seja cuidadoso ao utilizá-la. Evite uma mudança brusca da linguagem auditiva para uma outra linguagem. Para maiores detalhes, veja também o capítulo 9, "Utilização das Técnicas da Ponte para Conduzir Pessoas".

Como introduzir um outro canal de comunicação

Algumas vezes você irá encontrar um cliente tão pouco flexível na sua maneira de pensar que estará preso na armadilha das próprias convicções. Tal cliente tem um pensamento fixo. É muito difícil vender para uma pessoa assim, e os grandes vendedores percebem que ocasionalmente é necessário mudar rapidamente de linguagem. Quando isto é feito com habilidade, o pensamento rígido do cliente é desestruturado, pois isto o confunde momentaneamente, criando a necessidade de novas informações. Então, você poderá vender-lhe os outros aspectos de seu produto, usando a linguagem visual ou cinestésica, e fechar o negócio com êxito.

A LINGUAGEM DE AÇÃO-SENSAÇÃO-MOVIMENTO

Sem nenhuma dúvida, os norte-americanos são pessoas voltadas para ação. Pode ser que sejamos participantes passivos, mas adoramos ver os outros em ação. E adoramos também estatísticas, principalmente as dos esportes e de vendas. Segundo as últimas estimativas, existem no momento mais aparelhos de TV (90 milhões) do que de telefones (apenas 86 milhões). O telefone é um aparelho auditivo, mas a TV é um aparelho com três qualidades: visão, audição e ação-sensação. O que é particularmente interessante para nós são os comerciais de TV, onde, naturalmente, as vendas acontecem. Enquanto A. C. Nielsen e outros classificam os programas pelo índice de audiência atingida, outras companhias qualificam os comerciais pela habilidade em atrair pessoas às lojas e aos *showrooms*. Os patrocinadores estão mais interessados nesse tipo de ação.

Todos os comerciais de TV, por sua natureza própria, são visuais e auditivos. Porém, a questão aqui é saber como eles conseguem êxito com as vendas. Observe o que e como algumas pessoas fazem isso, e note o seu tema. "Mova-se e toque em alguém" é uma linguagem ação-sensação, embora signifique conversar com alguém pelo telefone. "Vá buscá-lo" é também uma linguagem de ação-sensação, e quer dizer: "Mude para o canal 4 com entusiasmo." Ou as estórias exageradas entre um pescador e um lenhador que lembram do passado, dizendo: "Quando trabalhávamos na grande Floresta do Sahara", e o seu companheiro o interrompe com: "Floresta Sahara — você quer dizer o Deserto Sahara, não é?" E ele responde: "Agora é um deserto." Esta é uma linguagem ação-sensação do tipo "você agüenta essa"?

As expressões de ação-sensação são abundantes na linguagem cotidiana: "Ele é um homem que não descansa." "Eles estão a todo vapor." "Ela é uma pessoa estimulante." "Las Vegas — eis onde existe ação." "Você deve trabalhar arduamente." "Não se descuide." "Trabalhe com vigor." "Você está a um passo do sucesso." "Concentre-se no seu trabalho." Algumas expressões são antigas, outras não; todas têm gosto e vivacidade. Elas estimulam a adrenalina, recarregam suas baterias e o seu espírito de autoconfiança.

Vende-se aos norte-americanos usando-se ação. Quando um recruta saiu de forma durante a marcha de praxe de 44,8 km com uma mochila de 30 kg como treino básico de infantaria e se deitou exausto numa vala perto de uma rua empoeirada, alguém não pensou duas vezes ao insultá-lo: "Não fique apenas deitado aí; faça alguns dorçais." Este humor negro demonstra de maneira sutil a idéia fixa de ação. Estamos tão saturados com ação que algumas vezes negligenciamos a necessidade de planejar. Os exercícios de sobrevivência, simulados ou reais, enfatizam a necessidade da clareza do propósito e do planejamento. Qualquer mergulhador experiente há de concordar que manter a calma diante do perigo é a chave da sobrevivência a 36,5 m abaixo do nível do mar, enquanto que a ação induzida pelo pânico é, com freqüência, fatal.

As pessoas que dançam bem mas que não conseguem lhe explicar como o fazem são "naturais". Arthur Murray, que segundo a sua própria confissão não era natural, teve que aprender dança de salão pelo método visual e durante o processo foi também capaz de ensinar a todos aqueles que antes não conseguiam.

O mesmo é válido para as vendas. Somente 20% são pessoas do tipo "explique-me", enquanto que 80% são do tipo "mostre-me". E mesmo assim, somente depois de praticar repetidas vezes o método certo é que a habilidade se torna parte integrante de nós. Como você poderia distinguir um cliente do tipo ação-sensação de outros tipos?

Observe os movimentos oculares de seus clientes

Os clientes do tipo ação-sensação, com freqüência, olham para baixo e para a direita, característica essa que foi demonstrada cientificamente como estando associada à escolha por meio da sensação ou com o contato com a própria sensação. Os atores profissionais, ao se prepararem para cenas emocionantes, tendem a olhar também para baixo e para a direita. Eles também fazem isso nas entrevistas da televisão. Durante uma entrevista recente no programa "60 Minutos", a vencedora do concurso para o projeto do Memorial da guerra do Vietnã, Maya Linn, estudante de arte de 21 anos de idade, da Universidade de Yale, olhava repetidas vezes para baixo e para a sua direita antes de responder às perguntas do entrevistador, Moreey Safer. Ela descreveu como fez o projeto e explicou que queria esculpir no mármore os seus sentimentos pelas pessoas que realizaram o sacrifício supremo.

Preste atenção na linguagem da ação-sensação

Os clientes que são fortemente cinestésicos usam com freqüência as seguintes palavras:

Abaixar armas	Embrulhado	Mudar
Abraço	Emocional	Não se mexa
Aborrecido	Empurrar	Nivelar
Acalorado	Encontrar um meio	Palpitação
Afetado	de lidar com	Palpite
Afetuoso	Ênfase	Pancadinha
Afiado	Entrar em contato com	Pegar o significado de
Agitação	Envolver	Pendurar
Agüentar firme	Esforçar-se	Pesado
Agarrar	Esforço	Pôr as cartas na mesa
Amontoar	Estado	Prático
Apertado	Estremecer	Pressa
Aperto de -mão	Estrutura	Pressão
Apoderado	Exagerado	Prestar atenção
Apoiar	Experimentar	Profundo
Argumento forte	Ferido	Quebrar em pedaços
Áspero	Ferir	Reagir
Ativo	Firme	Segure firme
Atrapalhado	Flutuante	Seja paciente
Cansado	Fresco	Sensação
Choque	Frio	Sensível
Concreto	Fundação	Sentido
Confortável	Fustigado	Sentir
Confusão	Ímpeto	Sofrer
Controle	Insensível	Sólido
Corte	Insuportável	Superficial
Custo	Intuição	Suportar
Dar empurrão	Irascível	Suscetível ao pânico
Deixar alguém enfurecido	Leviano	Tensão
De mãos dadas	Liso	Teimoso
Desentender-se	Macio	Tépido
Desgaste	Manusear	Tolerável
Desleal	Momento de pânico	Toque
Discussão em demasia	Mover	Vigoroso
Discussão acalorada	Movimento	

Observe a voz, respiração, linguagem corporal e a velocidade da fala

As pessoas de ação-sensação respiram plena e profundamente e usam gestos quando falam. Elas em geral falam um tanto quanto lentamente com uma voz baixa e ressonante e, com freqüência, tocam as suas roupas ou o próprio corpo. Quem possui uma estrutura física musculosa é em geral uma pessoa de ação-sensação. Ao ficarem mais velhas, elas têm tendência a engordar. Tais pessoas também se revelam por suas preferências por *hobbies*, pelas conversas e outros interesses. Os clientes que passam o seu tempo livre com jogos atléticos, esportes, caça e pesca apreci1m conversas dirigidas à ação-sensação. Aproveite-se desse fato ao vender para eles; fale a linguagem de ação-sensação.

Trabalhando com pessoas orientadas pela ação-sensação

Para vender com sucesso aos clientes orientados pela ação-sensação, utilize palavras baseadas no movimento, sensação e ação. Deixe o cliente sentir o seu produto ou serviço, isto é, como funciona, como se lida, se ajusta ou põe em movimento. Diga-lhe: "Experimente a delícia que é dirigir este carro." Ou então: "Experimente a sensação de controle e eficiência que terá ao lidar com este sistema de computação."

Envolva seus clientes orientados para ação-sensação fisicamente sempre que possível; faça-os caminhar pela fábrica junto com você para experimentar diretamente as interrupções desnecessárias de trabalho; faça-os sentarem-se e datilografar alguma coisa no teclado; deixe-os sentirem o fino acabamento do produto. Faça-os mexer na maquinaria logo no início da demonstração; faça-os dirigir o carro ou o caminhão.

Conta-se que Richard Allen, o melhor vendedor da *Cessna*, utiliza diferentes canais de comunicação, quando possível. No início de sua demonstração ele faz o cliente ver o avião decolar e aterrissar, apelando desse jeito para o sentido da ação ou sensação, bem como para os canais visuais e auditivos.

Posteriormente, tais sensações são reforçadas de várias maneiras: ele faz o cliente se sentar no avião para decolar e aterrissar e o envolve com outras experiências de ação-sensação para causar um maior impacto nos seus sentidos.

Quando não for possível fazer com que o cliente tenha uma experiência real, você pode escolher entre vários catálogos para demonstrações (como nos comerciais de cerveja ou lavanderia), ou mesmo falar sobre como os outros clientes se sentem ao usar os seus produtos e serviços. Será vantajoso para você repetir as suas palavras, ou melhor ainda, fazer referência a seus comentários por escrito, principalmente se eles são pessoas conhecidas na área industrial ou na cidade.

Os clientes voltados para a ação-sensação irão compreendê-lo mais rápida e facilmente se você usar uma linguagem que os faça sentir-se bem e que faça sentido intuitivamente para eles. Falar a linguagem dessas pessoas faz com que seja fácil, para elas, captar o que você está dizendo, e como resultado elas se sentirão mais à vontade com você, pois você é igual a elas.

É interessante falar a linguagem do cliente não só por ser apenas sadio psicologicamente, como também por ser considerado mais fácil de ser internalizado por ele. Ao vender para um engenheiro, use termos de engenharia. Tal conceito é aplicável igualmente para contadores, profissionais de computação e outros. Se eu usar a linguagem de sua profissão — suas siglas, seus jargões, seus símbolos, sua orientação — você irá achar fácil absorver a informação e se relacionar comigo.

Um outro exemplo é a vantagem de falar usando termos positivos ao invés de negativos. Os psicólogos dizem-nos que os termos negativos levam mais tempo para serem processados, pois pegamos os termos positivos e os invertemos. Para muitas pessoas os termos duplamente negativos são frustrantes.

Como já explicamos anteriormente, todos nós temos preferências por certos tipos de informação. Não nos é possível, dado o nosso limitado período de atenção, prestar atenção, de maneira igual, nos aspectos da realidade visual, auditivo e de ação-sensação. Durante a infância desenvolvemos preferências e preconceitos para simplificar a nossa tarefa de conhecer o mundo e de entendê-lo.

A linguagem de ação-sensação funciona melhor com clientes que têm preferência por este tipo de informação. Já demos as dicas de como tais clientes falam e olham.

Como sair do canal de comunicação de ação-sensação

O único momento em que o canal de ação-sensação não funciona é quando não é usado com freqüência. Você simplesmente não pode usar duas ou três palavras relativas à sensação, e então voltar para os padrões da linguagem visual ou auditiva. Você precisa continuar a falar a linguagem que o cliente entende.

A confusão inteligente

Existem momentos em que você não quer que a linguagem de ação-sensação funcione. Se você tem um cliente de mentalidade muito estreita e muito preconceituoso, pode ser que você queira falar uma linguagem diferente para, temporariamente, induzir alguma confusão. Tal técnica, como é usada pelos grandes vendedores, é eficaz para criar uma necessidade por parte do cliente de novas informações.

É uma técnica eficaz e deve ser usada com cuidado. Eis como ela funciona.

Se você está lidando com um cliente orientado para a ação-sensação, mude para o mecanismo visual ou auditivo exclusivamente. Com o uso de outros canais de comunicação ao falar sobre as características, o cliente irá experimentar e pensar sobre elas de uma nova maneira.

Esta técnica é útil para desestruturar os bloqueios mentais dos clientes de mentalidade estreita ou preconceituosos. Naturalmente, você não irá querer mudar o ponto de vista de uma pessoa de mentalidade estreita quando isto está a favor do seu produto; você apenas gostaria de conseguir sua autorização para os pedidos. Use esta técnica somente quando o cliente tiver preconceitos contra seu produto ou serviço.

Em todas as outras instâncias, você irá preferir falar a linguagem falada pelo seu cliente a fim de estabelecer a confiança e *rapport* rapidamente.

SEGUNDA PARTE

COMO OS CLIENTES QUEREM QUE VOCÊ LHES VENDA

6

O ÊXITO COM DIFERENTES PERSONALIDADES

Você está aprendendo estratégias fáceis que facilitarão o seu relacionamento com todas as pessoas, tornando as suas relações interpessoais agradáveis e tranqüilas. O acompanhamento estabelece o *rapport*. Os movimentos oculares ajudam-no a entender a maneira como as pessoas pensam e a falar utilizando os seus canais preferidos de informações. Agora, você pode deduzir as preferências comportamentais de seu cliente. Que tipo de conduta durante a venda irá atraí-lo e qual irá desviá-lo? A sua habilidade em compreender a maneira de falar e a linguagem corporal permite que você interprete e tire conclusões acerca das motivações e desejos do seu cliente. Você aprenderá a maneira de agir pelo telefone e, pessoalmente, como fazer a apresentação e como fazer um seguimento. Você poderá também antecipar os problemas latentes de vendas e tomar medidas preventivas antes que aconteçam.

VOCÊ TEM DOIS MINUTOS PARA ME FAZER RIR

Os comediantes podem ensinar-nos o valor do acompanhamento e de ler um público. Nos programas de TV de Norman Crosby jovens comediantes competiam entre si e contra o relógio para fazer um espectador voluntário rir contra a sua vontade. O espetáculo se assemelha a uma venda, onde provocar o riso é o mesmo que realizar uma venda. É interessante observar a maneira como os comediantes abordam cada voluntário. Um deles tenta piada após piada, bobagens e mais bobagens, até que, após dois minutos, o alarme do relógio salva o voluntário. O segundo comediante faz o oposto. Ele se ajusta à pessoa, fala de amenidades, diminuindo a resistência da sua vítima. De repente ele descobre uma abertura e mergulha rapidamente com um inesperado golpe verbal um pouquinho antes do toque do alarme. O terceiro comediante é quem mais surpreende, por vezes fazendo caretas, não falando nada, embora arrancando um sorriso, falando em outros momentos, fazendo brincadeiras, empurrando em seguida o seu cômico manto entre as omoplatas da desamparada vítima histérica.

Um encontro de dois minutos com comediantes pode não ser exatamente o mesmo que um relacionamento de vendas a longo prazo; no entanto, neste curto encontro a mensagem é enviada e é isto que você deve fazer com a pessoa com quem está lidando e manter a flexibilidade, a fim de reduzir a resistência.

OS QUATRO ESTILOS DE COMPORTAMENTO

Todo mundo pode ser agrupado em um dos quatro estilos de comportamento. Todos esses estilos são intensos e com áreas necessitando de fortalecimentos. Não existe tal coisa como um bom ou mau estilo. Os estilos indicam as tendências. As pessoas extrovertidas, por exemplo, têm um bom relacionamento com outras pessoas, mas não investem tanto tempo e energia quanto deveriam, sendo pouco cuidadosas e confiáveis. As pessoas gentis e constantes são dignas de confiança, mas, em geral, não têm grande entusiasmo para aceitar desafios e atingir os objetivos. O impulso pessoal e a motivação, a flexibilidade para adaptar-se às diferentes situações podem, de modo geral, superar qualquer obstáculo, desde que você deseje profundamente alcançar o objetivo.

No outro lado da moeda, é igualmente verdadeiro que qualquer abuso de força pode tornar-se fraqueza. Obter resultados é o oposto de estar sempre insatisfeito, ser firme como oposto ao dominar, ser persistente como oposto ao ser inflexível.

O estilo *dominante* é característico de muitos líderes na indústria, desportes e no Exército. Também chamado de *dirigente* ou *diretor*, ele dá mais importância aos resultados e ao controle do que nos relacionamentos. Entre os profissionais de venda tal estilo leva vantagem ao abrir novas contas com rapidez.

Seu cliente é do estilo dominante, se ele for direto, rápido, enérgico, impaciente, autoconfiante, exigente, decidido e responsável. Exemplos de pessoas deste estilo são Lee Iacocca, Harold Geneen, Peter Grace, George C. Patto, Douglas MacArthur, Jimmy Hoffa, Walter Rether, Ted Koppel, Vince Lombardi, John Madden e Archie Bunker.

O estilo *influenciador* é característico de muitos grandes vendedores, líderes voltados para as pessoas, anfitriões e personalidades animadas. Também chamado de *expressivo* ou *indutor*, este estilo dá mais ênfase às realizações por meio de pessoas do que através da superação dos obstáculos. Uma pesquisa indica que 72 por cento dos maiores vendedores de seguros de vida do mundo pertencem a uma subcategoria do estilo influente. Os influentes são agradáveis e interessantes e sabem atrair pessoas.

Seu cliente é influente se for voltado para as pessoas, gregário, otimista, entusiasta, auto-estimulante, persuasivo, emotivo e confiante. As figuras públicas típicas deste estilo são John F. Kennedy, Ronald Reagan, Johnny Carson, Jesse Jackson, Mohamed Ali, Bill Cosby, Ed Koch, Billy Martin, F. Lee Baily e Fidel Castro.

O estilo *constante* é característica dos vendedores agradáveis e moderados. Também denominados de *cordiais* ou *estáveis*, eles gostam de dar apoio a outros, são leais e de confiança, vestem-se bem, sabem ouvir os outros e têm um bom relacionamento com quase todo o mundo. Os seus relatórios de acompanhamento estão sempre em dia; gostam de organização e podem levar mais tempo para iniciar novos projetos do que as pessoas pertencentes aos estilos anteriores. Seus clientes são leais, e eles próprios são leais às companhias a que pertencem. Não gostam de mudanças, nem de estabelecer metas. Pelo fato de fazerem bons serviços não gostam de delegar poderes e podem não ser exigentes o bastante para com outros.

Seu cliente é constante quando exibir condutas de moderação, cordialidade, passividade, modéstia, ponderação, paciência e autocontrole. Típicos representantes deste comportamento são Dwight D. Eisenhower, Gerald Ford, John Glenn, Perry Como e Edith Bunker.

O estilo *complacente* é característico dos especialistas técnicos detalhistas que vendem com a força do seu conhecimento sobre os produtos e com a habilidade para avaliar pessoas e situações. Também conhecidos como *analíticos* ou *escrupulosos*, eles são perfeccionistas. Mantêm padrões elevados, são diplomáticos e sensíveis, mas podem também subestimar a importância das práticas de persuasão e das relações pessoais em vendas.

Seu cliente é complacente se for cortês, preciso, caprichoso, evasivo, sensível, crítico e com padrões elevados. Os complacentes típicos são Henry Kissinger, Neville Chamberlain, Albert Einstein, Jimmy Carter, Guglielmo Marconi, J. D. Salinger e os estereótipos dos auditores, consultores, terapeutas e os analistas de sistema.

Todos nós temos certas características do dominante, do influente, do constante e do complacente na nossa formação. De modo geral, uma das quatro é a predominante e na maioria das vezes é facilmente detectável. E se o seu cliente mudar de um estilo para o outro? Pegue as dicas do cliente e ajuste o comportamento até que o estilo comportamental exato emerja após algum tempo. Tenha em mente os seguintes pontos ao lidar com pessoas que funcionam em estilos diferentes.

Com os dominantes, seja decisivo, prático e bem preparado. Forneça informações sobre o que você pode fazer; forneça fatos, números e probabilidades de êxito e ofereça opções. Fale em termos de resultados, evite competição ou discordar com eles diretamente, pois eles gostam de competir. Não lhes diga o que fazer, pois se ressentem com isso.

Com os influentes, dedique tempo para conseguir afeição e amizade; seja divertido; fale sobre as pessoas e suas metas. Seja moderado na conversa, evitando detalhes em demasia; compartilhe idéias úteis que eles possam colocar em prática. Mencione os nomes de clientes conhecidos e providencie referências. Compartilhe expectativas mútuas e mantenha um clima caloroso e sociável.

Com os constantes, demonstre o seu interesse começando com os comentários pessoais. Descubra áreas de comum interesse ou origem. Converse de maneira informal e descontraída. Fale sobre os objetivos que eles querem atingir e sobre como você poderá ajudá-los para chegarem lá. Aceite a sua tendência para ir devagar e para adiar. Eles são seguros nas convicções; ofereça-lhes, então, soluções específicas com um mínimo de risco.

Com os complacentes, prepare-se com listas de pontos específicos, dos prós e contras dos seus produtos e serviços e daquilo que você pode fazer. Faça objeções você mesmo antes que eles as façam, e faça-lhes perguntas se possível. Faça um cronograma da execução do programa e prefira usar provas tangíveis de suas afirmações, apoiando-se nas garantias ao invés de referências.

Como você poderia aprender a observar melhor as características de seus clientes? Como muitas pessoas fazem esta observação intuitivamente, escolha um grupo de características e pratique durante um dia inteiro. Se o cliente em potencial estiver relaxado, aberto e informal, aja da mesma maneira. Logo demonstrará aceitação e se sentirá à vontade com você.

— Exatamente qual o grau de flexibilidade que você espera que eu tenha?

A resposta é: "O bastante para estar na mesma freqüência do cliente."

— E se eu não conseguir?

— Faça o melhor que puder com aquilo de que você dispõe e continue praticando. Você irá apreciar a si próprio por isso.

Suponhamos que eu seja uma pessoa superativa e o meu cliente seja uma pessoa tensa.

A resposta é: "É mais fácil para um superativo moderar-se do que uma pessoa tensa ficar à vontade. Tudo o que é preciso é prática em ter paciência."

Ao estabelecer confiança e *rapport*, atingindo o canal preferido de informações do cliente e respondendo ao seu estilo de conduta, você conseguirá vender às pessoas na maneira que elas querem, e não como você quer. Assim, você será um mestre em vendas. Mas, lembre-se, os estilos de condutas guiam-no para aquilo que você deve fazer, enquanto o acompanhamento e os movimentos oculares mostram-lhe como fazê-lo. Cada uma dessas etapas faz com que o cliente sinta-se à vontade com você, e fique disposto tanto do ponto de vista emocional quanto lógico para permitir que você o conduza e o convença. Não é necessário que as pessoas gostem sempre de você, mas é necessário ser aceito e respeitado.

7

DESCOBRINDO COMO O SEU CLIENTE COMPRA

O *REPLAY* * INSTANTÂNEO

Quantas vezes você já ouviu alguém dizer: "Jamais se conhece o bastante sobre um cliente"? Ou: "Quanto mais se sabe a respeito dele mais fácil fica vender para ele"?

Aqui está um exemplo: a companhia Kaufman e Broad produz em massa subdivisões residenciais para o mundo inteiro. Quando trabalhávamos juntos, eles duplicaram suas vendas na nossa área. Mas até conseguirmos isso, muitas águas rolaram. Veja você: todos os pedidos de entrevista com o presidente da divisão eram feitos através do diretor de vendas que, infelizmente, tinha medo dele. E o resultado foi um impasse temporário.

Felizmente, soubemos que havia uma nova gerente de vendas e então as coisas mudaram rapidamente para melhor. Ela não tinha medo do seu chefe, e após ouvir a nossa apresentação marcou uma entrevista nossa com ele.

— Que tipo de sujeito ele é?

— Ah, ele é de fato um homem simpático, mas parece rude e impaciente no primeiro encontro.

— Ah, um "alérgico" aos vendedores insistentes. Diga-me, se você tivesse que vender o nosso serviço, como o faria?

— Bem, se possível, tentaria fazê-lo em cinco minutos e lhe falaria sem rodeios. O senhor acha que poderia fazer o mesmo?

— Acho que sim.

— Muito bem. Eu falarei a ele do que se trata, a sua experiência anterior e o que ele pode esperar dos senhores. Os senhores trouxeram algumas amostras?

— Sim. Temos também atestados e referências.

---

* *Replay*: releitura, reprodução, repetição.

— Ótimo.

— Será que ele não vai querer saber a sua opinião sobre isso?

— Ah, claro. Os senhores querem que eu fique lá enquanto fazem a apresentação?

— Sim. Faria-nos este favor?

— Claro, com todo o prazer.

E assim, entramos na sala do presidente. O que sucedeu se resume numa breve apresentação por parte da gerente de vendas — um olhar de expectativa por parte dele. "Eu sei que o senhor é uma pessoa muito ocupada, por isso vou direto ao assunto; levarei apenas cinco minutos da minha parte" — uma aquiescência silenciosa — algumas perguntas, afirmações e referências apresentadas por mim — e da sua parte, alguns grunhidos — definição dos custos, por minha parte — um olhar inquiridor da sua parte para a gerente de vendas. Ela disse que queria o nosso serviço. E isso foi o suficiente para ele. Ele comprou.

Essa pequena cena contém todos os elementos da resposta instantânea, exceto um. Se, em vez da gerente, tivesse sido ele a revelar o seu padrão de compra, neste caso a definição corresponderia totalmente. Poucos de nós são abençoados antecipadamente com tanta percepção a respeito do cliente. Precisamos aprender como fazê-lo no momento. Você não gostaria de ser o seu próprio instrutor para lidar com todos os seus clientes daqui para frente? Tudo que é preciso é conhecimento, prática e habilidade para o *replay* instantâneo, uma técnica que fotografa todos os elementos do padrão de compra do seu cliente.

O que um vendedor quer saber a respeito de seus clientes? Em suma, como abordar, vender e servi-los com precisão. Eis onde a técnica do *replay* instantâneo entra em cena. Ela fornece, de maneira específica, um plano detalhado de como agir com precisão. Mas, de que forma? Fazendo algumas perguntas simples e escutando com perspicácia.

Assim como os clientes têm estilos específicos de conduta, eles têm também padrões específicos de compra. A técnica do *replay* instantâneo ajuda o bom vendedor a descobrir não somente o que o cliente considera importante, mas também a seqüência na qual apresentar os pontos relevantes de venda. Em linguagem simples, o vendedor descobre como o cliente toma suas decisões passo a passo. Por exemplo, o profissional de vendas poderá perguntar: "Como você decidiu comprar a sua última furadeira? E então? E como foi que finalmente tomou a decisão?"

O que o profissional de vendas fez aqui? Em primeiro lugar, ele apurou os detalhes da estratégia de compra do cliente. O profissional não só perguntou: "O que é importante para você?" Realmente, a maioria dos compradores não saberia dizê-lo com exatidão. Em seguida, o profissional ajusta-se confortavelmente à estratégia. E, por último, faz o *replay* da estratégia para o cliente, que o considera cômodo e familiar. De uma certa maneira, o cliente fica com a impressão de que existe um *rapport* entre o vendedor e ele. Isso é pouco surpreendente, pois, afinal de contas, trata-se da estratégia do próprio cliente. É por isso que ele se sente bem com ela. E desde que ela envolva o produto e o serviço do vendedor, o cliente irá aceitá-la completamente.

Esta é uma das práticas pouco conhecidas do repertório dos grandes vendedores. Eles aprendem a ordem exata de preferência de seus clientes e asseguram-se de que estão seguindo os passos do cliente. De outra maneira, eles estariam fazendo com o garçom que lhe traz o prato principal seguido de sobremesa e, por último, o aperitivo e a sopa. Certamente você recebeu o que pediu, porém não na seqüência esperada.

Será que um livro poderia ensinar-lhe o que o cliente quer? Não. Somente o cliente pode lhe ensinar. Apreenda a sua estratégia de compras como se fosse o seu número telefônico. E, sempre que quiser comunicar-se com ele, disque os dígitos na ordem certa. Uma das razões porque muitos vendedores que são, sem sombra de dúvida, competentes, não realizam mais vendas, é que eles apresentam informações corretas, mas na ordem errada e com ênfase também errada.

Porém, há mais. O grande vendedor pode, no processo, investigar diretamente o motivo predominante da compra, dizendo: "É interessante ouvi-lo enfatizar a estabilidade quando se refere à companhia ZYZ. Você se importaria em me dizer por que considera a estabilidade tão importante para esse tipo de investimento?" Então, tudo o que o profissional de vendas tem a fazer é escutar, e o cliente irá fornecer-lhe as razões, racionais e emocionais. Agora o mestre em vendas conhece a maneira de comprar do cliente e o que o atrai emocionalmente. Depois disso, o que seria mais desejável?

Lembre-se de que é necessário muita prática para manter o tom de sociabilidade, isto é, é preciso fazer o acompanhamento, estabelecer a ponte e o canal de comunicação. Evite fazer tudo isso como se fosse um inquisidor, pois isso cria tensão e reduz a confiança e *rapport*.

O *replay* instantâneo pode também extrair informações valiosas para economizar tempo e para o banco de dados da sua gerência territorial. Por exemplo, quando lhe perguntaram por que ainda estava tratando com a *Snake Eye Bottling Company*, o dono do restaurante disse que de modo geral ele resistia em mudar de marcas, mesmo que não estivesse completamente satisfeito. A lealdade era muito importante para ele. "Se um dia você tivesse que fazer uma mudança", perguntou o vendedor, "que tipo de coisas o seu atual fornecedor não lhe oferece e que você gostaria de receber do novo fornecedor?" O dono se abriu, revelando sua estratégia de compras e o motivo principal que o levava a comprar. Isto fez com que o vendedor economizasse muitas visitas improdutivas de vendas posteriores.

Suponhamos que você esteja trabalhando numa loja de aparelhagem eletrônica e que uma mulher entrasse para comprar um videocassete. Você provavelmente iria abordá-la numa conversa do tipo: "Esta é a primeira vez que visita a nossa loja", e outras do tipo: "A senhora já conhece as marcas de videocassete?" "A senhora já tem alguma preferência em mente?" "O videocassete é para a senhora ou para uma outra pessoa?"

Você poderia considerar apropriado que ela olhasse alguns modelos. É durante esta fase de conhecimento mútuo que você e ela podem desenvolver mais confiança e *rapport*, passando em seguida a fazer a seguinte pergunta: "Em que tipo de aparelho de TV irá conectar o novo videocassete?" "Por que você escolheu esta marca de televisor?" Viu como foi fácil passar ao *replay* instantâneo? À medida que você atrai a sua atenção, ela irá revelar os elementos importantes do seu padrão de compra, a seqüência da compra e o conteúdo emocional de cada elemento. Agora você pode fazer o *replay* instantâneo com o videocassete do que você aprendeu com a experiência do aparelho de TV. Ouvindo atentamente, você poderá organizar esta informação, para que ela se ajuste à zona de conforto dela ao tomar decisões. Ela vai gostar, pois terá uma sensação familiar. Você fez com que fosse fácil, para ela, comprar com você. De fato, ao invés de ter uma compradora, você irá ter uma cliente.

Digamos que a primeira preocupação dela fosse com o preço, e em seguida a qualidade do produto, seguida pelo modelo do gabinete (visual), e finalmente o que a família e os vizinhos iriam dizer (auditivo), discorrendo sobre este ponto com muito entusiasmo.

Agora você conhece os quatro pontos que ela considera essenciais e a seqüência na qual eles foram expressos: preço, qualidade do produto, modelo e o que os outros irão dizer. Reveja estes pontos na seqüência e, então, fale entusiasticamente sobre o que os outros irão dizer a respeito da escolha. Este é o caminho que você deve seguir. O número telefônico que lhe permitirá escutar: "Vou comprar."

Será que existe algum segredo por trás de tudo isso? Sim. Os grandes vendedores aplicam as técnicas do *replay* instantâneo para

79

conseguir dicas sobre as prioridades de compra do cliente, de acordo com as últimas descobertas das pesquisas. Tal técnica baseia-se na maneira de pensar e de compra do cliente. Tudo isso assenta-se no princípio de que você está lhe vendendo algo de que ele precisa e que vai ao encontro de suas expectativas.

ANATOMIA DE UMA VENDA PERDIDA

Muitas vezes aprendemos mais com os nossos erros do que com os nossos êxitos. A experiência de Kai Holmberg serve como um bom exemplo.

Na sua entrevista inicial com o vice-presidente executivo de uma grande companhia gráfica, Kai soube que o baixo volume de vendas era um dos pontos críticos da empresa. O vice-presidente executivo resumiu-lhe os problemas específicos. e apresentou-o pessoalmente ao vice-presidente de vendas.

Numa entrevista subseqüente, o vice-presidente de vendas disse que não existiam na sua indústria bons programas de treinamento. Ele lembrou-se de três experiências mal-sucedidas.

— Quem sabe — ele se arriscou — o nosso negócio seja complexo demais? Neste caso, será que o *replay* instantâneo poderia ser útil? Vejamos o que fez Kai.

Kai: "Dick, eu entendo o seu raciocínio. A seu critério, o que você acha que estava faltando em tais programas para que falhassem?"

Dick: "O nosso pessoal é antiquado. Eles riem quando alguém de fora fala com eles. Dizem que ninguém entende o nosso negócio."

Kai: "Essa é uma questão interessante, Dick. Você poderia ser um pouco mais explícito sobre o que eles dizem?"

Dick: "Bem, a nossa venda é diferente. Eu não vendo da maneira que eles me ensinaram e não sou um mal vendedor. Diria que você teria que trabalhar com o nosso pessoal na área e descobrir o que eles fazem de errado, que os nossos gerentes de vendas de campo não percebem. É você que teria que aprender a linguagem deles, Kai."

Kai: "Isso faz sentido para mim. Freqüentemente saímos com o nosso pessoal de vendas. E ficar por dentro da linguagem técnica ajuda-nos a estabelecer credibilidade com o pessoal de vendas nas sessões de treinamento."

Dick: "Muito bem. Gostaria de ver também algumas das suas referências."

Kai: "Tudo bem. Deixe-me dar algumas para começar."

Dick: "*OK*."

Kai: "O que seria preciso para ajudá-lo a se decidir?"

Dick: "Eu precisaria saber exatamente o que você vai fazer e de que maneira."

Kai: "Certo."

Kai: "*OK.* Eu me comprometo a fazer algumas viagens com o seu pessoal esta semana, e entregar as referências e uma proposta. Enquanto isso, para quando você fixa a data de início e os participantes?"
Dick: "Vamos fazer às terças-feiras durante duas semanas, às 8:30 h. Tenho umas 20 pessoas que estarão lá."

Quando eles se despediram, Dick disse de repente: "Tenho que verificar o nosso orçamento. Tudo depende do orçamento."

— Você está dizendo, então, que não faremos mais a reunião? — perguntou Kai.

— Não, não — respondeu Dick. — Posso conseguir o dinheiro, se quiser.

— E você quer?

— Sim.

Kai fez o trabalho prático com o pessoal, aprendeu a linguagem técnica, forneceu as referências e entregou a proposta. Quando foi chamado de volta, ele teve grande dificuldade em chegar até Dick. Quando finalmente entraram em contato, Dick disse-lhe: "Desculpe-me por não ter verificado o orçamento antes. Não podemos assumir este compromisso agora."

— Dick, você consultou as referências?

— Não, não consultei.

— Você consultou as pessoas com quem eu fiz o trabalho prático?

— Não. Como eu lhe disse, os programas de vendas não funcionam bem na nossa indústria.

O *replay* instantâneo sempre funciona. Se não, um diagnóstico final poderá mostrar se o vendedor deixou passar um sinal ou se o cliente, com suas razões, enganou deliberadamente o vendedor.

A maioria dos clientes são relativamente honestos nas situações de vendas e com freqüência irão oferecer informações corretas. Eles irão lhe dizer aquilo que você precisa saber, isto é, como eles decidem no momento da compra, que tipo de informação eles querem em primeiro lugar e o que eles precisam ouvir de você antes de decidirem.

Como resultado de um estudo acerca dos campeões em vendas, assim como dos que tiveram menos êxito, temos uma clara compreensão de quando o *replay* instantâneo funciona e falha.

A falha em obter e organizar as informações necessárias no início da entrevista pode ser desastrosa. Os grandes vendedores fazem perguntas corretas e sabem ouvir as respostas. As pessoas com menos êxito falham nas perguntas corretas ou não perguntam o suficiente. Ou então, pode ser que elas não saibam ouvir bem. Elas são rígidas e não são receptivas. Por exemplo, o cliente de Bud Greenfield gostava do aspecto seguro dos títulos de rendimento, dirigindo Bud a se concentrar nessa única questão em detrimento de outros fatores tais como a taxa de rentabilidade e de desconto e a data de vencimento. Bud ficou preso num jogo mental. Faça como os grandes vendedores e obtenha uma imagem completa de tudo que é importante.

Lembre-se de que quando você faz perguntas de releitura imediata, você envolve o seu cliente ao máximo. Conduza-o de maneira delicada, passo a passo, para dar-lhe tempo de refletir na sua maneira habitual de comprar. As perguntas globais, tais como perguntar diretamente o que foi mais importante para ele, são maçantes e confusas, podendo causar irritação. Faça o cliente falar sobre os detalhes da compra, ao invés das noções teóricas acerca do que o motivou a comprar. Dirija o cliente para que fale sobre os detalhes do caso atual; assim, você conseguirá informações mais acuradas sobre a seqüência do cliente. Assim, você poderá repetir esta seqüência com o seu próprio produto. E a única maneira de o cliente resistir seria contra os seus próprios pensamentos e valores, e isto é impossível para a maioria deles.

Examine a pessoa por inteiro — rosto, mãos, linguagem corporal e expressões emocionais. Observe com atenção reações emocionais que são expressas nas mudanças sutis da linguagem corporal, pois elas medem a força relativa de cada componente da maneira habitual de comprar da pessoa.

Um construtor, Norm Goodman, expandiu o seu mercado construindo o *Door-Wall Patios*. Encontrando-se com seus novos clientes, os Haywoods, percebeu uma grande cobertura externa e iniciou o seguinte diálogo:

Norm: "Isto é o que eu chamo de cobertura muito interessante. Três níveis — fora do comum. Gosto do suporte em diagonal. É realmente criativo."

Haywood: "Obrigado. Isso aí nos dá muito prazer."

Norm: "Aposto que sim. Quem construiu isso, sabia o que estava fazendo. Como foi que o escolheu?"

Haywood: "Nós vimos vários anúncios."

Norm: "Entendi. Como vocês decidiram negociar com esse fornecedor? O que vocês estavam procurando?"

Haywood: "Ele nos mostrou fotos Polaroid de algumas instalações. Então, ele fez um esboço daquilo que propunha para nós. E assim, ele se ofereceu para nos levar até alguns de seus clientes, e pudemos conversar com eles e examinar o acabamento."

Norm: "Foi uma boa abordagem. Algo mais?"

Haywood: "Bem, o preço era importante, mas não o mais importante. Ficou um pouco mais caro, mas gostamos daquilo que ele nos ofereceu pelo que pagamos."

Norm: "Interessante. E finalmente, como se decidiram a seu favor?"

Haywood: "Ele nos marcou uma entrevista de retorno para mostrar seus esboços finais e nos deu a data de início. E quando ele voltou, nos surpreendeu — seu projeto estava bem melhor."

Norm: "É mesmo?"

Haywood: "É sim. Nós o recomendaríamos para todos."

Norm continuou a gravar mentalmente o que eles estavam dizendo. Ele pediu desculpas por um momento e logo voltou com um álbum de fotos *Polaroid* de obras que já havia realizado. Usando um giz, ele fez um esboço da posição do terraço, discutindo as qualidades e os defeitos dos telhados propostos. Os Haywoods escolheram um deles. Ele lhes perguntou sobre a sua disponibilidade de tempo e pediu permissão para telefonar para alguns clientes, com o que concordaram imediatamente. Depois que eles ficaram obviamente impressionados com algumas das instalações, Norm lhes forneceu um preço específico e marcou um encontro para rever o projeto arquitetônico final. Sem surpresa ele também se superou na segunda visita e os Haywoods assinaram imediatamente o contrato. De maneira simples, Norm usou a estratégia do construtor da cobertura como o seu mapa de vendas.

Nessa vinheta, Norm concentrou-se no elemento de valor acrescentado e na forte reação emocional dos Haywoods e os utilizou na seqüência correta. Quando um cliente demonstra uma forte emoção como contentamento, deleite ou surpresa em relação a um componente — seja aparência, preço ou confiabilidade — você sabe que tal componente é especialmente importante. Quando você o enfatiza posteriormente, usando a linguagem corporal ou a emoção similar, isso irá produzir um impacto positivo. Os grandes vendedores fazem isso com naturalidade, e isso funciona como se fosse um passe de mágica.

A natureza discreta do *replay* instantâneo faz com que certas pessoas pensem que se trata de algo manipulador. Elas pensam que isso pode forçar os clientes a comprarem coisas sem o desejarem de fato. A experiência mostra que isto não corresponde à realidade. A maioria das pessoas adora comprar. Elas visitam os *showrooms* e as lojas por causa do seu interesse pelas coisas que estão à mostra. As pessoas adoram comprar, a não ser que um vendedor ignorante ou insensível desencoraje-as pela sua falta de profissionalismo. Os clientes não têm sido vítimas das habilidades de venda tanto quanto o são os vendedores da falta de habilidade.

Muitos vendedores estipulam a seqüência de apresentação baseando-se na sua própria experiência ou naquilo que eles aprenderam. Eles supõem que os outros compram da maneira que nós queremos que eles comprem. Infelizmente, isso funciona apenas algumas vezes, pois isso colocava a ênfase não no cliente, como deveria, mas no vendedor.

As técnicas do *replay* instantâneo baseiam-se na venda ao cliente e não na venda do produto. Você responde às verdadeiras necessidades do cliente por meio da apresentação das informações na seqüência que faz mais sentido para ele. Tais técnicas auxiliam-no a deixar o seu próprio modelo para trás, concentrando-se nas necessidades do cliente. Elas lhe dão informações sobre como o cliente decide no momento da compra. Por tais razões, as técnicas do *replay* instantâneo funcionam. Embora haja necessidade de certa prática e de instrução para tornar-se hábil, vale a pena, pois é dos mais eficazes instrumentos, usados pelos campeões de vendas.

Isto tem sido motivo de discussão sobre alguns dos detalhes mais específicos sobre o que faz com que os modelos de compra funcionem. Os vendedores menos bem-sucedidos diminuem o poder da técnica ao misturar a seqüência da compra. Desenvolva o hábito de ouvir e observe cuidadosamente as prioridades de compra do cliente. Esqueça-se de como deve ser a ordem segundo a sua opinião, pois o que faz sentido para o cliente é a sua própria seqüência.

8

CONCENTRANDO-SE NOS INTERESSES DO SEU INTERLOCUTOR

DESPERDÍCIO DE TRUNFOS

Quando o novo pastor aproximou-se do púlpito para fazer o seu primeiro sermão, percebeu que não havia ninguém na igreja a não ser um senhor idoso, sentado no banco. O pastor perguntou curioso onde estaria o resto da congregação.

— Estamos na época da colheita. Eles estão todos no campo ceifando — disse o velho homem. — Não tenho saúde e não faço mais esse tipo de trabalho.

O pastor sugeriu que, dadas as circunstâncias, talvez fosse melhor cancelar o sermão, mas o velho homem não gostou da idéia. Então, o pastor voltou ao púlpito. Após um início lento, ele começou a criar força e entusiasmo a ponto de ser levado pela emoção, falando por muito mais tempo do que o planejado, terminando com uma questão para ser pensada em casa.

— Bem — disse finalmente, completamente tomado pela emoção e roçando as sobrancelhas —, o que o senhor achou disso?

O velho homem continuou sentado em silêncio. Após algum tempo, ele respondeu: — Sou apenas um velho agricultor e não sei muita coisa sobre religião. Mas eu lhe digo isto: se eu tivesse uma carroça cheia de feno para alimentar as minhas vacas e encontrasse apenas uma, certamente não iria gastar a carroça inteira com ela. O senhor sabe o que acabou de fazer?

— Não.

— O senhor descarregou toda a carga sobre mim.

O MÍSTICO NÚMERO SETE

A questão sobre o que e quanto apresentar ao comprador, ao cliente ou ao paciente é um quebra-cabeça para o profissional de vendas, o advogado e o médico nos dias de hoje. Mesmo os vendedores profissionais, qualquer que seja com que trabalhem — diapositivos, videoteipes ou filmes —, afligem-se com este tipo de problema. Será que existe algum tipo de fórmula para lhe ensinar quando seu cliente obtém o tipo certo de informação, o bastante para deixá-lo satisfeito mas não tanto a ponto de provocar indigestão ou tampouco deixando-o com fome? Será que você poderia usar tal fórmula para prever que perguntas fazer, as sugestões a dar e que tipo de objeções esperar?

A experiência mostra que a mente humana se satisfaz com cerca de sete informações. Sete perguntas, sete vantagens, sete outras coisas quaisquer definem o nível ótimo de atenção para a maioria das pessoas, independente de educação ou inteligência. É por coincidência que falamos das Sete Maravilhas do Mundo Antigo, dos sete anos de vacas gordas e sete anos de vacas magras da Bíblia, dos sete dias da semana, das sete notas primárias da escala musical, dos sete amigos íntimos de nossas vidas e da equipe dos sete funcionários que representam o número ideal de controle para o seu gerente?

Talvez dentre todos os exemplos o melhor seja o dos sete anos de vida conjugal, pois adverte os maridos e esposas que após sete anos de felicidade conjugal, o verme que causa fastio pode começar a se agitar e secar a seiva do matrimônio.

O que será que os grandes vendedores nos ensinam aqui? Eles são especialistas em apreender e segurar o interesse dos clientes — não só isto mas também a fascinação — e eles o fazem com rapidez e facilidade.

Jerry Bresser, do *Bresser Conferences on Real State Sales* (Conferências Bresser Sobre Vendas de Bens Imóveis), treina os seus participantes para dizerem o seguinte, aqui parafraseado:

> "**Senhora Long,** existem sete boas razões para a senhora me escolher como representante para vender a sua casa.
>
> O que a senhora deseja é:
>
> o *máximo* de dinheiro que puder obter,
>
> o *mais rapidamente* possível,
>
> e de preferência, com o *mínimo* de problemas.
> Correto?"

Após tal introdução, Jerry faz a lista de sete vantagens de negociar com ele.

Em apenas 15 segundos, com tal afirmação como abertura, Jerry apreende a atenção total da cliente e faz com que ela queira saber como ele irá preencher cada um dos sete pontos do seu interesse.

Ela lhe responde: "Correto. Você não quer entrar e falar-me a respeito disso?" A propósito, você conseguiu pegar todas as afirmações gerais de acompanhamento, com as quais é difícil discordar? Ao invés disso, o que é que os vendedores comuns fazem? Eles não são tão bem preparados e tentam apressar. Eles não fazem o acompanhamento como deveriam e não ganham a confiança do cliente. Ao perceber que não conseguem provocar o impacto esperado, eles forçam mais ainda. Falam mais e fornecem mais informações, na esperança de que quanto mais, melhor. Porém, mais não é melhor. Mais é igual a menos na nossa sociedade com excesso de comunicação. A expressão "Se você não consegue convencê-los, confunda-os" não funciona mais, se é que algum dia funcionou.

Como uma tela de cinema, os interesses de seu cliente têm dimensões limitadas. Se você projetar informações em excesso, algumas delas transbordarão pelas cortinas e encostos das poltronas, pelas paredes e se perderão na sala. Ninguém prestará atenção nisso e você desperdiçará valiosas informações.

O que aconteceria se você oferecesse pouquíssimas informações? Então você teria um outro problema: a sua apresentação seria anêmica. Haveria espaços brancos em excesso na grande tela. O cliente olha para tais espaços, vê somente um vazio transparente, fica entediado e começa a fantasiar para preencher os vazios.

Com *mais* o cliente sofreria uma sobrecarga de informações, dissipando a sua concentração, desviando a atenção e esgotando seu interesse. *Menos* deixa o cliente insatisfeito e surpreso com a sua proposta desinteressante e se perguntando por que as pessoas fazem negócios com você. Em nenhum dos casos você consegue atingir o cliente.

Enquanto vendedor, você consegue saber se o seu cliente está perdendo o interesse? Sim. Os clientes transmitem seus pequenos sinais como se fossem vaga-lumes. Eis como você pode saber: eles não disseram nenhuma palavra nos últimos dez minutos; continuam com as sobrancelhas franzidas; eles se mexem muito na cadeira; suspiram; seus olhos tornam-se menores e as pálpebras pesadas; e aquele que estiver realmente cansado fecha seus olhos, e então, surpreso, pula abruptamente e pede desculpas. E isto não é tudo. O cliente nem sempre é a única vítima. Conheço um ótimo vendedor que "embalou" com tanta eficiência seu cliente que este, por sua vez, começou a falar sem parar a ponto de o vendedor sentir sonolência. E não foi a única vez que isso aconteceu.

A técnica da *tela de interesse* funciona porque é assim que a sua mente está ligada. Funciona porque oferece apenas a quantidade certa de informações, da maneira que o cliente acha fácil absorver, digerir e agir. Funciona porque proporciona ao vendedor oportunidades de avaliar com exatidão a atração do cliente por cada um dos sete elementos e finalmente revela a essência de toda a venda, que é a descoberta do motivo básico da compra ou a sua força motriz.

Procure o motivo básico da compra do cliente com persistência e você terá êxito. Um vendedor habilidoso atua como guia turístico, observando o que chama a atenção do cliente. Para tal, ele leva em consideração sete variáveis: ênfase, tamanho, velocidade, número, nitidez, detalhe e perfeição.

O que você enfatiza e tem como prioritário na tela? O que você conduz e como termina? Qual é o tema? Como você varia o tamanho de cada porção de informação? São todos eles iguais, ou há um ou dois maiores que os demais? Você controla a velocidade em que cada elemento é mostrado? Você os mostra um de cada vez, lentamente, ou todos juntos primeiro e com detalhes posteriormente? Você controla a nitidez e a perfeição de cada imagem? Você descreve cada parte em detalhes ou focaliza alguns pontos e permite ao cliente usar a sua imaginação de outra maneira?

Será que estamos dizendo que tivemos novamente sete exemplos, os quais simplesmente apareceram tão naturalmente quanto o movimento dos dados? É claro que não. Nós extraímos muitas variáveis até chegar ao nosso nível de conforto que é sete. As pessoas preferem que seja assim na maioria das vezes. É claro que existem diferenças individuais nas pessoas sobre quão bem elas absorvem as informações. Até mesmo Albert Einstein possuía uma tela limitada de interesses, demonstrando que isso se aplica a todos nós, sem distinção de poder mental, capacidade de memorização ou velocidade de raciocínio. Tais diferenças dependem um tanto quanto de nossas habilidades e familiaridade com o assunto. É normal que um especialista em computação absorva mais informações novas sobre uma unidade de processamento central do que um iniciante, pois o especialista pode facilmente relacionar um novo dado àquilo que ele já sabe. Ele pode pendurar novas porções de informações no gancho mental criado previamente em sua mente. Sendo assim, seria uma boa idéia descrever a tela de interesse como "sete mais ou menos dois".

Agora estamos prontos para testar o conceito da tela de interesse dentro de sua cabeça. Se quiser, faça de conta que você é um diretor de cinema que mostra a sua última criação ao produtor do filme, que é o seu chefe. O produtor arranjou todo o financiamento e agora tem o trabalho de vender o filme. Como ele é o sujeito que irá pagá-lo, você quer que ele fique contente e entusiasmado com o seu produto.

Digamos que o filme seja utilizado para vender um novo tipo de cerveja, e que é preciso transmitir a mensagem em 15 minutos. O que você mostraria na tela, de que maneira e por quê? Você tem uma grande reserva de idéias de onde você pode escolher algumas. Que segmento do mercado você quer influenciar? Quais são os hábitos de beber e as preferências do momento do seu público-alvo? Eles respondem favoravelmente às características da cerveja como o sabor, aroma, cor, sabor residual e leveza? Eles preferem conhecer os ingredientes como a cevada, arroz e lúpulo, e a origem da água? O envelhecimento lento ou filtração ou a pasteurização breve os impressionam? E sobre o nome, o desenho da garrafa ou lata e o rótulo? Você acha que a cerveja deve ser mostrada, tendo como pano de fundo esportes competitivos como o futebol, ou esportes pouco praticados como o vôo de ultraleve, ou ainda um lugar de prestígio como o bar de um teatro? Você colocaria como personagens jovens ou velhos, homens ou mulheres? Você faria um teste de comparação de sabores com amadores que não têm consciência de que suas papilas gustativas são influenciadas pelo primeiro gole de cerveja? O desafio é selecionar os sete pontos mais significativos dentre os 12 ou mais, triviais. Você com certeza concorda que não é uma tarefa fácil.

Pense como deve ser a difícil tarefa de produzir um comercial de TV, quando se pode escolher apenas um conceito dentre 30, e então pôr em jogo centenas de milhares de dólares com este único conceito. Como profissional de vendas, temos, ao menos, a vantagem de apresentar várias opções possíveis e monitorar a maneira como os nossos clientes reagem diante de cada uma delas.

Eis aqui apenas uma das maneiras de como isso pode funcionar na prática. Pegue uma folha de papel e desenhe sete linhas horizontais de cinco centímetros, uma embaixo da outra, com a certeza de que o cliente pode descobrir o que você está fazendo. Então, comece a desenvolver seus interesses dizendo:

"Pensando a respeito dos fatores mais importantes que fazem parte de ——————, a maioria dos executivos escolhem os seis itens seguintes. Primeiro A, segundo B, ... sexto F. Já que você pode gostar de alguns desses fatores, e não de outros, qual (quais) fator(es) que deveria(m) ser acrescentado(s)? Obrigado. Alguma outra coisa importante deveria ser incluída? Certo. Na sua experiência, como você ordenaria tais fatores de acordo com a ordem de importância? Obrigado. Citando o mais importante de todos, o que, na sua opinião, faz com que seja tão importante para você? E o segundo? E o terceiro? Se você tivesse a oportunidade, o que isso significaria para você? E para a sua empresa? E finalmente, se você pudesse tê-lo, quando você gostaria de ter?"

Se o cliente quiser compartilhar suas preferências com você, de modo geral ele irá conduzir a conversa, indicando-lhe o que falar. Esse é o melhor início de se preencher a tela de interesses.

Muitos clientes já conhecem dois ou quatro itens importantes, e é importante perguntar-lhes qual deles é o mais significativo e assim, preencher os outros três ou cinco itens que ele omitiu.

As experiências parecem demonstrar que é útil ajudar o cliente ter em sua mente os três principais itens que o motivariam a comprar. Certos clientes são tímidos ou precavidos e se detêm no momento de preencher a tela de interesses. Aqui, seria sensato o vendedor sugerir quatro ou cinco itens em seqüência e obter as informações necessárias sobre as idéias significativas que deveriam ir para a tela de interesses. Quando isto é feito junto com o acompanhamento, o cliente se deixa envolver inteiramente. Falando de maneira ideal, quanto mais o cliente fala sobre a questão que está ao seu alcance — o que não é a mesma coisa que conversa fiada — mais o vendedor controla a entrevista.

OS NÍVEIS DE EXPECTATIVA

Como um segundo exemplo, vamos discutir a técnica de apresentação usada apelos dentistas ao ajudar seus pacientes a elevarem o seu conceito. Aqui, bem como no exemplo anterior, a tela de interesses do paciente ou do cliente pode ser reproduzida numa folha de papel, que utiliza tanto o sentido da visão como o da audição. O dentista traça uma linha horizontal no meio da folha e quatro retângulos grandes um embaixo do outro, dois acima e dois abaixo da linha mediana. Escreveria a palavra "urgência" no retângulo inferior e "restauração" no retângulo acima; escreveria "manutenção" no que fica logo acima da linha mediana e "tratamento estético" no retângulo superior. Então o dentista tem cinco pontos de referências (incluindo a linha mediana) e explica de maneira sucinta a sua definição para cada um dos cinco termos — o que significam a "urgência", a "restauração", a "manutenção" e o "tratamento estético" sob o ponto de vista do paciente? A partir do momento em que a paciente tenha entendido com clareza, o dentista pede-lhe para identificar onde ela acha que se situa segundo esses níveis e onde ela desejaria estar um ou dois anos mais tarde. Agora o dentista pode se sentar e ajudar a paciente a planejar as medidas que devem ser tomadas e como fazer com que as novas metas sejam alcançáveis.

Algumas vezes o cliente acredita que algo é importante quando na realidade pode não o ser, mesmo sob o seu ponto de vista. Talvez o cliente pense que o produto que você oferece ou a companhia que você representa apresenta vantagens especiais, mas você sabe que isso é algo comum na indústria. Você pode decidir agradecer ao cliente por seus comentários, e deste modo destacar a sua qualidade que o torna diferente de outros vendedores. Nas raras ocasiões em que você tira uma informação da tela de interesses do cliente, deve substituí-la com uma outra. Senão, ele irá sentir que algo está faltando ou que algo não combina.

Você é o funcionário de um grande banco metropolitano responsável pela abertura de contas de grandes empresas. A vice-presidente de finanças de uma das empresas não está inteiramente a par do serviço que tanto o seu banco como os seus concorrentes oferecem. Na sua segunda visita ela lhe diz que a razão de estar pensando seriamente em contratá-lo é por causa desse serviço. Você deve fazê-la saber que oferece este serviço de fato. A essa altura você lhe fornece também as vantagens de negociar com você, com as quais o outro banco é incapaz de se igualar, e explica-lhe por que estas vantagens são tão importantes para ela.

O uso da tela de interesses requer que você observe os sinais do seu cliente sobre como ele gostaria que a sua tela de interesses fosse preenchida. Se o cliente chega e começa a falar rapidamente porque pensa muito rápido, você deve dar-lhe rapidamente todas as sete informações. Se o cliente prefere examinar uma coisa por vez, deixe-o indicar o ritmo. Se ele lhe pede para examinar de forma clara e detalhada o que há na tela de interesses, faça-lhe a vontade. Se ele não gosta de fatos e detalhes e prefere generalidades, fale na linguagem do cliente e acompanhe o seu estado de humor.

E SE NÃO FUNCIONAR?

Em algumas indústrias, como as de eletrodomésticos, computadores, equipamentos estereofônicos, ferramentas para máquinas, e nas corretoras de valores ou de seguros, os clientes experientes dedicam bastante tempo comparando os mercados. Eles gostam de entrar em detalhes e irão querer que você saiba o quanto eles sabem acerca do assunto. A mensagem deles é: "Você não vai conseguir me tapear", ou "Veja como sou esperto". Você está fazendo o acompanhamento, está recebendo uma série de afirmativas e está aplicando o princípio da tela de interesses. Por uma razão qualquer, você não está tendo êxito, e não está obtendo resultado. O que fazer então? Você troca o mecanismo, muda a direção e tenta outra coisa — você acompanha o cliente.

Certos clientes parecem que fazem de propósito, para que você os deixe cansados e entediados. Eles pedem rapidamente todos os tipos de informações que não querem ou não precisam, ou que nem mesmo entendem. Se você entra no jogo deles e joga tudo de uma vez na sua tela de interesses — bum! — você a explode. Eles ficam cansados ou entediados e vão embora. O que aconteceu de errado? Você errou por não tê-los classificado bem. Você falhou por não ter apresentado suas respostas lenta e detalhadamente, por não ter confirmado que cada ponto é realmente importante para eles. Você falhou por não lhes ter pedido opiniões.

Como você sabe, os clientes são com freqüência confusos. Se você lida com um que já tenha visitado outras lojas e ainda não se decidiu, é possível que ele tenha enganado outros vendedores projetando coisas de maneira incorreta na sua tela de interesses. E é provável que tal cliente não tenha feito isso intencionalmente.

Ouça o que ele está lhe pedindo. Perceba que outros vendedores responderam ao pedido, e provavelmente gastaram um bocado de tempo com isso. Dê as informações de que o cliente precisa de forma sucinta, como uma questão de cortesia; então, comece a preencher a sua tela de interesses com itens que podem realmente fazer diferença.

Cliente: "Eu queria um Bimini Cadillac Coupe de Ville bege com as seguintes opções: A, B, C, D, E, F. Quanto custa?"
Vendedor: "Seria o seu primeiro Cadillac?"
Cliente: "Não."
Vendedor: "Com que freqüência você compra um carro novo?"
Cliente: "A cada dois anos."
Vendedor: "Quantos quilômetros você chega a rodar?"
Cliente: "Cerca de 36.800 por ano."
Vendedor: "De modo geral, você dá o carro usado como parte do pagamento de um novo, ou você mesmo o vende?"
Cliente: "Eu mesmo o vendo."
Vendedor: "Fora o Bimini bege, em quais outras cores você estaria interessado?"
Cliente: "Em nenhuma."
Vendedor: "Vamos dar uma volta. Para conseguir um Bimini bege com todas as características que você pediu levará duas semanas. Vou mostrar-lhe duas outras cores que talvez você goste mais. Vamos experimentá-los."

Você lhe mostra o primeiro carro, e ele não gosta. Você lhe mostra o segundo carro, e ele talvez fique interessado e pergunta quanto custa.

Vendedor: "Além das características que você quer, este carro tem controle cruzado. Você está habituado com este tipo de controle?"
Cliente: "Sim."
Vendedor: "Você gosta dele?"
Cliente: "Sim."
Vendedor: "Então, que tal? Compraria este carro hoje se ele tivesse interessado você?"

QUANDO FUNCIONA — QUANDO NÃO FUNCIONA

Os princípios da tela de interesses funcionam bem, desde que sejam usados com habilidade, pois todo mundo gosta de coisas simples e interessantes.

Os profissionais de vendas que vendem produtos ou serviços altamente complexos enfrentam um problema especial. Seus produtos ou serviços têm muito mais do que sete características ou detalhes. Como usar os princípios da tela de interesses sob tais circunstâncias?

Em primeiro lugar, naturalmente, você pode falar sobre mais do que sete características do seu produto, mas não se esqueça de enfatizar verbalmente ou com ilustrações os aspectos mais importantes, para que se fixem na atenção de seu cliente. Você pode enfatizar estes pontos verbalmente, dizendo-os de maneira vigorosa, lentamente, com grande ênfase e olhando diretamente nos olhos do cliente para dar maior impacto a essas palavras.

Ou se não, se você tem que falar sobre mais do que sete aspectos de seu produto, faça-o de maneira ordenada e profissional, fazendo uma porção de perguntas que exigem a resposta sim, para que vocês entrem em acordo. Agrupe todas as características relacionadas e fale sobre elas em um grupo de cada vez. Faça tudo o que puder para falar com simplicidade e de modo interessante.

Finalmente, avalie a sua própria necessidade de falar sobre mais do que sete aspectos de seu produto para esse cliente. Há probabilidades de que ele já saiba algumas coisas sobre o produto. Não encha sua tela de interesses com detalhes desnecessários.

Joe Girard, o vendedor de carro mais bem-sucedido do mundo, está na lista do Livro Guinnes de Recordes Mundiais. Segundo ele, "muitos vendedores deixam um sujeito completamente entediado quando começam a falar sobre os detalhes técnicos de um carro". Realmente, ele se recusa a dar detalhes técnicos sobre carros. Se o cliente insiste, ele diz: "Olhe, eu não conheço os problemas de marchas. Se o senhor realmente quer que eu as descubra, poderia pedir a alguém para lhe explicar tudo isso." Ele preenche a tela de interesses do cliente com a sua amizade e atenção, com discussões sobre a beleza e o modelo, e com explicações sobre o porquê de as pessoas quererem possuir carros novos.

Lembre-se de que a tela de interesses é aplicável a você também. Você pode estar sobrecarregando a si mesmo com detalhes desnecessários acerca do seu trabalho, e apesar disso talvez satisfazer a sua necessidade de perfeccionismo pode prejudicar a continuidade do seu trabalho. Isto poderia causar *stress* ou exaustão. Ou você pode estar se entediando com o seu trabalho, porque você tem uma visão por demais simplista de tudo isso. Provavelmente existem apenas uns sete componentes importantes no seu trabalho. Você não acha isto tranqüilizador? Não é preciso preocupar-se com todas as coisas do mundo.

Se você acha que o trabalho está maçante, talvez esteja enfocando apenas um ou dois aspectos daquilo que você faz. Seja escrever um pedido, telefonar aos clientes ou reencaixotar os equipamentos, você precisa alargar a sua visão e preencher as demais partes da sua tela de interesses.

RESUMO

A técnica da tela de interesses é um instrumento de vendas de múltiplos propósitos que combina vantagens psicológicas e pragmáticas importantes numa única forma. Ela leva em consideração o nível natural de atenção do cliente, provê a estrutura necessária para englobar os pontos salientes nas entrevistas de vendas, enquanto responde às exigências específicas do cliente durante a entrevista. Ela permite tanto ao comprador quanto ao vendedor se ajudarem mutuamente a enfocar os itens de importância ou aqueles que requerem exame mais profundo. Ela se presta a apresentações visuais, auditivas e às que requerem ação. Sua estrutura pode ser aplicada na formulação de perguntas essenciais, especificação de graus de interesse, níveis de apresentação e possíveis objeções. A tela de interesses representa o conceito que diz: "Mantenha-a simples e torne-a interessante."

TERCEIRA PARTE

A LÓGICA DA VENDA

9

UTILIZANDO TÉCNICAS DE PONTE PARA CONDUZIR PESSOAS

Fazer a ponte é para os ouvidos o que as imagens são para os olhos. Quando você assiste a um filme, você realmente vê uma seqüência de imagens fotográficas seguindo-se umas às outras harmoniosa e rapidamente, dando-lhe a ilusão de movimento contínuo. Quando um vendedor fala na linguagem visual e muda de maneira imperceptível para a linguagem auditiva ou de ação-sensação-movimento, está usando as técnicas de ponte. Para o interlocutor, a ponte é fácil e elegante. Sem tensões nem pressão. Vamos dar um exemplo de ponte para verificar a sua viabilidade.

O PRODUTO DO ANO

O Produto do Ano de Michigan de 1982 era um arremessador de golfe com visor que prometia "um máximo de três tacadas leves". Vamos fingir que você vai a uma loja de artigos esportivos profissionais e tira essa nova invenção da prateleira e um vendedor lhe diz: "É um arremessador dinamite. Está chamando um bocado de atenção. Com isto, eu tiro dez tacadas do seu jogo. É uma grande invenção. Veja por si mesmo. Somente 69,95 dólares."

Você poderia comprar aquele arremessador naquele mesmo instante se 69,95 dólares estivesse dentro do limite do seu impulso para comprar, ou se você gostasse de dar tacadas, ou para ter algo sobre o que conversar, ou mesmo como presente para um bom cliente. Muitos golfistas o examinariam, concordariam que é uma invenção inteligente, e o colocariam de novo na prateleira por várias razões. E a não ser que eles tivessem conversado com um vendedor bem treinado, eles nunca poderiam saber o que estavam perdendo.

Como um profissional de vendas poderia ter agido?

Vendedor: "Você está diante de um arremessador muito interessante."

Cliente: "Ele é diferente em quê?"

Vendedor: "Deixe-me mostrar-lhe. Está vendo o visor na cabeça? Isto o ajuda a alinhar o arremessador com o buraco e com a bola (visual)."

Cliente: "Hum."

Vendedor: "Está vendo como funciona? (Fazendo a ponte para a sensação-ação.)"

Cliente: "Sim."

Vendedor: "Como é o seu jogo de tacadas?"

Cliente: "Posso ainda melhorar, com certeza."

Vendedor: "Por que você não experimenta? (Sensação-ação.)"

Cliente: "Está bem."

Vendedor: "Acha que tudo está direitinho? (Sensação-ação.)"

Cliente: "Com certeza."

Vendedor: "Alguns dos meus melhores clientes voltaram aqui e me disseram que eles estão realmente contentes. (Fazendo a ponte com a audição.) Ele se tornou o assunto da moda por aqui, e a propaganda é feita de boca em boca. Você sabe como são os golfistas. Gostam de falar sobre seus jogos, e isto lhes dá muito o que falar, inclusive a mim. Eu o uso também, e eu lhe digo que isso cortou uma meia dúzia de tacadas do meu jogo. Eu o considero excitante."

Cliente: "Certamente. Mas, quanto custa?"

Vendedor: "Considere-o como um investimento para o seu jogo e como assunto de conversa. (Auditivo.) Quando você joga por um dólar o buraco, você terá o retorno do seu investimento em dois a quatro fins de semana. Custa somente 69,95 dólares."

Cliente: "Tudo bem. Para falar a verdade, parece interessante. Vou levá-lo. (Auditivo.)"

O que será que o vendedor fez aqui? Em primeiro lugar fez o acompanhamento dos aspectos visuais do cliente a partir do que observou sobre ele e que era sem dúvida verdadeiro: "Você está diante de um arremessador muito interessante." "Está vendo o visor..."; "Ele o ajuda a alinhar..."

Então ele passou do campo visual até o da ação-sensação-movimento com "Está vendo como funciona?"; "Por que você não experimenta?..." e "Acha que tudo está direitinho?" novamente, ele faz a ponte partindo do canal da ação-sensação-movimento para o auditivo com "...Os clientes voltaram aqui e me disseram..." e reforça esse canal usando o "Ele se tornou o assunto da moda" e "propaganda de boca em boca", "gostam de falar sobre", e "eu lhe digo". Intuitivamente, ou por causa da sua percepção aguçada, o vendedor reconheceu que o seu cliente é auditivo, e quando este lhe disse "para falar a verdade, isto parece interessante", ele teve a dupla confirmação — esse comentário e o fato de que o cliente deu-lhe 69,95 dólares mais as taxas.

A TRANSIÇÃO SUAVE

A ponte é a ligação, é o fluir, a transição suave de um canal de comunicação para um outro. Ela lhe permite dirigir seus clientes de maneira confortável e quase imperceptível, permanecendo em acordo com seus padrões naturais de pensamento. Não há nada de esquisito ou dissonante com isso, e as pessoas se sentem bem pois ela é feita de maneira completamente sociável. E os clientes não percebem que você está vendendo.

COMO A PONTE FUNCIONA

As técnicas da ponte utilizam o redirecionamento, de maneira delicada, da atenção do cliente. São moderadas e imperceptíveis. Como foi visto no exemplo acima, o vendedor poderia ter dito apenas "Está chamando um bocado de atenção. Vai reduzir dez tacadas do seu jogo", e não ter feito a venda. Com a ponte, em primeiro lugar ele começa com o foco de atenção do cliente naquele momento — ele estava examinando o arremessador — e, assim, faz o acompanhamento do foco de atenção, desenvolvendo uma sensação de confiança e de *rapport*. Posteriormente, ele muda do canal visual para o da ação-sensação e, por último, para o canal auditivo, porque o cliente respondeu melhor a esse canal. Compare isto com um vendedor que diz o seguinte ao cliente: "Isto tira dez tacadas do seu jogo. Somente 69,95 dólares." O cliente deverá, neste caso, fazer o resto e muitos deles não vão querer. É verdade que ele está fazendo o acompanhamento do sentimento-ação de "dez tacadas do seu jogo", mas não consegue sintonizar-se suficientemente como cliente enquanto pessoa. As técnicas da ponte lhe permitem fazer com que o cliente passe de um foco para o outro, observar suas reações e respostas e estar em sintonia com ele.

PONTE — CORAÇÃO DA SEDUÇÃO

A sedução verbal é uma arte desperdiçada. Na sociedade atual, as pessoas são ousadas e diretas, permissivas e impacientes. Elas esforçam-se muito fazendo-se parecer com a Vênus ou o Adônis. Vá a uma praia e observe os biquínis. Ou veja seus carros esportes, conversíveis e outras máquinas de dirigir. Tais pessoas investem muito na venda do visual.

A sedução, um outro termo para o trabalho bem-sucedido de vendedor, é feita de várias maneiras, das quais a visual, a verbal e a física são as mais usadas. Lembre-se de que você está vendendo, mas não dê sinais dos seus motivos se quiser entrar na classe dos profissionais. Entendeu? Então, vá direto e devagar.

Qual é a primeira coisa que deve ser feita? Acompanhar o que está ao seu redor e que é observável, as generalidades, a linguagem corporal e a fala, tudo isto com o intuito de jogar as bases da confiança e do *rapport*, o mesmo que durante uma venda normal. Você pode acompanhar o quanto você aprecia a si mesmo, ou a sua timidez quando é apresentado a pessoas estranhas, se isso também reflete o estilo da outra pessoa. Somente após ter estabelecido uma boa base nas suas relações interpessoais é que estará pronto para passar de um tópico para outro.

A segunda coisa que deve ser feita é usar a ponte para dirigir a conversa para outros canais e tópicos de comunicação, observando em quais dos três canais o seu interlocutor se enquadra melhor. Você espera estar falando para uma audiência interessada composta de uma só pessoa, porém, quem sabe se outros também irão querer fazer parte da conversa?

Sendo assim, o que você terá realizado? Você terá atingido um sucesso. Você estabeleceu confiança e *rapport*, usou a linguagem deles, e de uma certa forma vendeu a si próprio.

COMO DON MASSEY VENDEU UM CADILLAC PARA UMA PESSOA QUE NÃO ERA CLIENTE

Ed Ferguson (não é seu nome verdadeiro) tinha uma entrevista para oferecer um serviço a Don Massey, um negociante de Cadillac em Plymouth, Michigan. Tendo o negócio terminado, casualmente Don o envolveu numa conversa, fazendo perguntas e usando as técnicas da ponte. Vamos seguir Don Massey num exemplo magnífico de vendas.

Massey: "Onde é que você mora, Ed?"
Ferguson: "Moro em Rochester."
Massey: "Já estive lá. É uma cidade bonitinha. Como você chegou até aqui, Ed?"
Ferguson: "Eu peguei a I-75 e a M-14."
Massey: "Essa M-14 é maravilhosa. É uma estrada veloz e a rota mais direta para você. E ela tem ajudado muito a nossa cidade."
Ferguson: "É, economiza-se muito tempo e eu gosto de dirigir nela."
Massey: "Eu também. Que tipo de carro você dirige, Ed?"
Ferguson: "Um Cadillac."
Massey: "É bom ouvir isso. Você gosta dele?"
Ferguson: "Eu o adoro, Don."

Massey: "Ah, isto é interessante. O que fez você escolher um Cadillac?"

Ferguson: "Bem, é um carro de prestígio..."

Massey: "Ahã. E o que mais?"

Ferguson: "Gosto também do estilo dele... e fiz um bom negócio com ele."

Massey: "Muito bom. Há quanto tempo você o possui?"

Ferguson: "Ah, um pouco mais de um ano."

Massey: "Ahã. Em que estado ele está?"

Ferguson: "Está num bom estado, levando-se em conta os quilômetros que eu rodei."

Massey: "Quantos quilômetros até agora, Ed?"

Ferguson: "Cerca de 48.000."

Massey: "E a cor?"

Ferguson: "Bimini bege."

Massey: "Bimini bege. Cor interessante. Vamos vê-lo, tudo bem?"

Ferguson: "Para que, Don? Você sabe como ele é."

Massey: "Sim, eu sei como ele é, Ed. Mas não vemos muito um carro desses por aqui. O que você diz de darmos uma olhada e ver em que condições ele está, tudo bem?

(Massey começa a sair, e Ferguson vai atrás. Ele anda em volta do carro como um lutador de boxe, dá chutes nas rodas, e em silêncio, volta para o escritório.)

É um carro de boa aparência. Parece que você cuida muito dele."

Ferguson: "Obrigado, Don. Eu tento cuidar bem dele."

Massey: "Vejo que... mas algo me intriga, Ed."

Ferguson: "Intriga? O que é?"

Massey: "Você não me disse que escolheu o Cadillac por ser um carro de prestígio e por causa do seu estilo?"

Ferguson: "Certo."

Massey: "Então, como é que você não possui o último modelo, Ed?"

Ferguson: "É o dinheiro."

Massey: "Já ouvi isso em algum lugar. O dinheiro paralisa uma porção de pessoas, Ed. Elas erram quando não consideram se é uma despesa ou um investimento em seus negócios. Há uma grande diferença, certo?"

Ferguson: "Não tenho certeza, Don. Um carro novo custa muito, quer você chame isto de investimento, ou outra coisa."

Massey: "Isso depende de como você vê a questão, Ed. Qual é a freqüência em que seus clientes o vêem em seu carro?"

Ferguson: "Algumas vezes por semana, suponho."

Massey: "Foi o que eu pensei. Você acha que alguns deles percebem quando você está dirigindo um carro novo e quando não está?"

Ferguson: "Suponho que alguns deles percebem."

Massey: "O que você acha que passa por suas cabeças quando o vêem num novo Cadillac?"

Ferguson: "Onde você está querendo chegar?"

Massey: "Estou querendo chegar na imagem que você projeta para eles com um carro novo. Não é verdade, então, que as pessoas fazem negócios com você por causa de como elas o vêem e de quão bem-sucedido você lhes parece?"

Ferguson: (Acena a cabeça.)

Massey: "E não é por isso que você está dirigindo um Cadillac antes de mais nada?"

Ferguson: "É verdade, Don. Mas eu consigo ter sucesso, mesmo com um carro que já tem um ano."

Massey: "Pode ser que sim, mas você não saberá se o caso for o contrário. Apenas pergunte a si mesmo, você está sendo consistente com o resto de sua aparência? Por que então, você usa ternos e camisas feitos sob encomenda? Por que você usa esse relógio? Deixe-me dizer por quê. É pela mesma razão que você prefere um Cadillac. Para projetar essa imagem de sucesso. Você concordaria comigo que é isto que um Cadillac novo lhe daria e que o seu carro atual não pode, isto é, essa imagem de sucesso?"

Ferguson: "Bem, talvez."

Massey: "Deixe-me ajudá-lo a entender: tudo o que você precisa se perguntar é: 'O quanto me custaria para possuir um novo Cadillac?' Será que isso lhe parece claro?"

Ferguson: "É, isso parece ser bom. Tudo bem, que tal se eu desse o meu como entrada? Por quanto ele sairia?"

Massey: "Tudo bem, vejamos se você consegue acertar; talvez eu possa surpreendê-lo."

Ferguson: "Cinco mil dólares."

Massey: "Está quente. Vamos deixá-lo por quatro mil dólares, está bem? Por quatro mil dólares você consegue obter um novo Cadillac de melhor aparência, que deixa uma impressão melhor em seus clientes, e o melhor de tudo é que levanta o seu moral. Correto?"

Ferguson: "Sim. Porém, custa também quatro mil dólares a mais, Don."

Massey: "Você está certo. É quatro mil dólares a mais, porém ele pode trazer para você vinte mil dólares ou trinta mil dólares a mais em negócios."

Ferguson: "O que você quer dizer, Don?"

Massey: "Suponhamos que eu pudesse mostrar-lhe que essa é uma afirmação verdadeira. Então, o que você diria?"

Ferguson: "Eu diria que você teria toda a minha atenção."

Massey: "É simples. Tudo o que você faz é calcular quantos clientes ou negócios você precisa para compensar a diferença de quatro mil dólares. Suponho que provavelmente você precise de somente um ou dois. Estou errado?"

Ferguson: "Não... não, você acertou em cheio."

Massey: "A minha segunda conjectura é que existem no mínimo 50 clientes que sabem que você dirige um novo Cadillac a cada ano, e se somente 10 por cento são influenciados por isso, você fez um extra de vinte mil dólares ou trinta mil dólares."

Ferguson: "Exato."

Massey: "Agora vou lhe dizer algo que o fará sentir-se ainda melhor. Vamos examinar um por um, está bem?"

Ferguson: "Está."

Massey: "Hoje, um carro do tipo do seu custa 1.500 dólares a mais do que quando você comprou o seu. Se você conservá-lo no mesmo estado que este seu, quantos dólares a mais você acha que conseguirá por ele após um ano?"

Ferguson: "Não tenho idéia, Don."

Massey: "No mínimo mil dólares ou mais. Você se lembrará dessa cifra, Ed?"

Ferguson: "Vou."

Massey: "Deste modo, você estará poupando a desvalorização. Você estará economizando os impostos... você não precisará de pneus novos... não pagará consertos porque tem garantia. Quanto você acha que irá economizar, Ed?

Ferguson: "Mais uns mil dólares?"

Massey: "No mínimo. Depende da sua renda, naturalmente. Tudo junto, você pode economizar dois mil dólares ou mais dos quatro mil dólalares. Estamos falando de menos de quarenta dólares por semana. Que tal?"

Ferguson: "Continue, Don."

Massey: "E tem uma coisa que é ainda mais importante, Ed."

Ferguson: "O que é?"

Massey: "Um carro novo atua como um diretor de vendas por você. Ele lhe dá uma motivação total, um espírito de ousadia, e conseqüentemente, faz com que você consiga trabalhar de maneira mais hábil e mais ativa como nunca antes. Você precisa pensar mais, ser mais inovador, crescer mais, fazer um trabalho melhor, e ter uma atitude melhor. Eis por que o carro novo é bom para você. Eis por que você precisa dele. Isto faz sentido para você?"

Ferguson: (Acena a cabeça.)

Massey: "Quero que você vá para casa esta noite e surpreenda a sua esposa com o seu novo carro. Que cor ela gosta, Ed?"

Ferguson: "Não faço idéia."

Massey: "Eis aqui o telefone. Chame-a."

Ferguson: "Não, eu posso adivinhar. Vou escolher a cor."

Massey: "Está bem. Vamos escolher um."

Ed Ferguson voltou para casa essa noite num novo Cadillac. Era a última coisa que teria pensado quando se levantou naquela manhã. Anos depois eu contei esta estória para o dirigente regional e enquanto eu a contava, o seu rosto foi se abrindo num grande sorriso.

— Por que você está sorrindo desse jeito? — perguntei.

— Porque Don Massey é simplesmente o melhor vendedor que a divisão jamais teve. Ele possui a única honra de ser o primeiro e o único homem a ter conseguido o Salão de Fama do Cadillac.

Se você tentasse seguir os tradicionais modelos de abordagem em vendas, isto é, interesse, apresentação, desejo e conclusão, você experimentaria muitas dificuldades em estruturar este tipo de troca verbal. Além disso, tudo isso parece ser tão fácil e tão natural que para os olhos e ouvidos não treinados é quase sem eficácia. Na verdade, isso inclui tantas técnicas eficientes de persuasão, que o seu valor não tem sido realmente reconhecido. Grandes vendedores como Don Massey as têm usado de maneira intuitiva.

AS TRÊS REGRAS DA PONTE

Regra n.º 1 — Sempre comece com o foco de atenção atual do cliente

Ao identificar-se com o foco de atenção do cliente, você garante que irá desenvolver melhor as sensações agradáveis e de confiança. Do contrário, um vendedor que simplesmente diz ao cliente para fazer alguma coisa não demonstra respeito em relação ao foco atual do cliente, e isto é rude demais. O vendedor estará movimentando o cliente sem preparação adequada, o qual sempre resulta em hesitação, dúvida e pressão. Dessa maneira, o cliente não é conduzido adequadamente no estado certo de humor. As técnicas da ponte são a essência da sedução.

Regra n.º 2 — Passe de um foco sensorial para um outro de forma suave

Se o cliente está fixado no canal auditivo, mude a sua atenção para a aparência do produto. Você pode passar da maneira como ele faz as pessoas se sentirem para o canal auditivo. Em outras palavras, você pode partir de qualquer foco sensorial de atenção para qualquer outro foco sensorial.

Regra n.º 3 — Faça a ligação de uma característica ou vantagem com uma outra

Suponhamos que você encontre um comprador que vive perguntando pelo preço. Muitas pessoas têm uma compreensão emocional muito melhor do dinheiro do que de um valor de uma casa, um carro, um computador, um cortador de grama ou de uma antena. Falta experiência a essas pessoas, e cabe ao vendedor ajudá-las a entender e apreciar o valor em termos de dinheiro ou outros atrativos emocionais, tais como diversão, saúde, respeito, crescimento, amizade, segurança ou serviço. Quando o seu cliente-perguntador-de-preço lhe perguntar: "Quanto custa?", use os seus poderes de observação e após responder à pergunta, faça a ponte para outros canais de comunicação para cobrir as áreas de interesses descobertas.

AS QUATRO APLICAÇÕES DA PONTE

Desenvolva uma apreciação mais completa de seu produto ou serviço

Se o seu cliente é altamente visual, ele pode ficar louco pela casa que você lhe mostrou. Provavelmente já conversou com outros vendedores a respeito da mesma coisa — a beleza das casas que ele tem visto. Para fazer com que o cliente se decida a comprar, faça com que ele desenvolva uma apreciação mais completa de todas as características e vantagens de sua casa. Você consegue isso com perguntas ou demonstrações. Seja atento para não excluir ou minimizar a apreciação do cliente sobre os aspectos visuais. O que você quer é ampliar esse aspecto visual e que ele venha a apreciar os outros aspectos também.

Acabe com a resistência e as objeções e reestimule o interesse

Se você encontrar resistência ou falta de interesse por qualquer um dos aspectos em discussão, volte ao ponto original de atenção. O cliente se recuperará imediatamente, permitindo-lhe novamente fazer a ponte com as novas áreas, daí por diante. Lembre-se, quanto mais completa for a apreciação que o cliente tiver do seu produto, mais irresistível e atraente ele se tornará.

Trabalhe com pessoas rígidas ou preconceituosas

As técnicas da ponte funcionam especialmente bem com pessoas que estão presas a padrões de pensamento rígidos ou a maneiras limitadas de experimentar o seu mundo. Alguém afirmou que "um sulco é um túmulo que não tem fim". Se o seu cliente é totalmente obcecado com a aparência do seu produto, ou com uma pequena esfoladura na pintura, não há nenhuma necessidade de tentar mudar a sua mente diretamente. Você pode reconhecer o foco de atenção do momento, e então, fazer a ponte para um novo foco de atenção.

Trabalhe com clientes indecisos

As técnicas da ponte funcionam também de maneira notável com clientes que não conseguem decidir-se. Tenho certeza de que você já teve clientes assim. Eles vão a todos os tipos de lojas e examinam todos os produtos. Eles querem realmente comprar, mas simplesmente não conseguem decidir-se. Tais pessoas são candidatas perfeitas para as técnicas da ponte.

A ponte é um instrumento de persuasão para todos os propósitos, pois você estará falando a linguagem do outro. Não importa se você está vendendo ou não, você irá perceber o crescimento da sua habilidade em conversar, e ao dominá-la, irá perceber que as pessoas seguirão as suas recomendações e liderança mais do que nunca.

10

EMPREGO DAS MODERNAS ESTRATÉGIAS DE PERSUASÃO: ARTICULAÇÕES E APAGADORES MENTAIS

ARTICULAÇÕES MENTAIS — UMA TÉCNICA DE LÓGICA DE VENDAS

O vendedor profissional está sem dúvida familiarizado com a diferença entre receber pedidos e vender. Certos produtos são tão novos ou raros que não têm concorrentes no mercado. E certos territórios de venda não têm concorrentes. Em certos casos, o preço é tão baixo ou a propaganda tão insinuante que os consumidores brigam para conseguir o produto. Todos esses exemplos são de recebimento de pedidos, e não de venda. Contanto que o cliente sinta que pode confiar em você e na sua empresa, ele irá comprar. Ele entra na loja, já sabendo o que comprar, e tudo o que você tem de fazer é pegar o pedido.

A venda, por outro lado, inclui influenciar e motivar o cliente para a ação. É ainda mais importante que o cliente respeite e confie em você, mas de modo geral isto não é o suficiente para tornar uma venda bem-sucedida.

As habilidades de venda ou de influência dos grandes vendedores baseiam-se na maneira específica de se usar as palavras para orientar os pensamentos e as emoções dos clientes. Tais habilidades para influenciar, denominadas *articulações mentais*, funcionam por meio da conexão de uma afirmação indubitavelmente verdadeira com qualquer coisa que o vendedor queira que o cliente sinta a seguir. São palavras curtas carregadas de poder, usadas com freqüência pelos grandes vendedores que outras pessoas quase não usam. As articulações mentais podem ser colocadas numa escala, do mais fraco ao mais forte:

E Ou	Como Enquanto	Fazer Causar
Mas	Durante Desde	Forçar Requerer

| Mais fracos | | Mais fortes |

106

As articulações mentais *e, ou* e *mas* são mais fracas porque elas meramente sugerem uma associação de dois eventos que são articulados juntos. Por exemplo: "Você está aqui de pé, olhando para este microcomputador, *e* você pode imaginar o quanto ele pode aumentar a eficiência do seu escritório." As articulações mentais *fazer, causar, forçar* e *requerer* são as mais fortes porque elas afirmam uma conexão necessária entre os dois eventos: "Só de olhar este modelo de carro *faz* com que você queira comprá-lo." Existem momentos em que você quer usar as formas mais fracas e outros em que quer usar as mais fortes, e isso será explicado posteriormente.

Visto que a primeira parte da articulação mental tem que ser verdadeira, o cliente deverá aceitá-la: "Você está aqui de pé, olhando para este computador..." Esta afirmação óbvia é então ligada à parte principal da sentença "...e você pode imaginar o quanto ele pode aumentar a eficiência do seu escritório". Neste exemplo, a articulação mental *e* liga a primeira afirmação à segunda, o que leva o cliente a pensar sobre a maior eficiência do escritório com o computador. Visto que o cliente não pode deixar de aceitar a primeira parte da sentença, em geral, não questiona a segunda parte também. O cliente engole isso como uma pílula, pois o médico achou que isso seria bom para ele. Na verdade, ele foi conduzido.

Os vendedores que sabem como usar as articulações mentais sempre têm algo a dizer. Qualquer coisa ao seu redor, qualquer coisa que seja observável, qualquer truísmo ou provérbio, que se qualifique como afirmação possível de ser acompanhada pode ser usada como primeira parte da articulação à qual o vendedor junta a segunda parte a fim de abrir a mente do cliente para novas idéias, sensações agradáveis, experiências, qualquer coisa, enfim, que o vendedor queira comunicar. As articulações mentais podem ser usadas durante toda a interação de venda, desde o início até o término. Elas adaptam-se a todos os tipos de conversa e são muito mais fáceis de se ouvir do que falar, como se você usasse vírgulas e pontos.

As articulações mentais funcionam por boas razões. Nós as usamos sem cessar, para refletir, imaginar e raciocinar. Vemos, ouvimos ou sentimos as coisas, e chegamos até os julgamentos de causa e efeito. Em nossas cabeças estaremos sempre fazendo ligações entre eventos, quer eles tenham ou não relações entre si. Os grandes vendedores sabem disso muito bem. Ao reproduzir este processo que acontece em nossas mentes, eles permitem aos seus clientes ouvi-los e segui-los. Eles imitam a natureza, assim como os comediantes e os artistas que fazem observações triviais, ligando-as a conclusões engraçadas. O que poderia ser mais natural e mais fácil do que isso? Eles imitam a natureza como um fotógrafo que usa uma câmera. Quando o fotógrafo tira uma foto de uma paisagem com três galhos no primeiro plano e montanhas no segundo, ele ajusta a distância no infinito. Se existe alguém sentado para um retrato, a profundidade do campo é determinada exatamente pela distância do sujeito.

Será que as articulações mentais funcionam com todos? Sim, funcionam. Além disso, você irá selecioná-las usando o mesmo critério dos fotógrafos ao escolherem as suas tomadas. Como foi dito antes, as articulações mentais variam na sua precisão relativa, porém, não no seu valor relativo. Há situações em que a melhor técnica de influência é uma articulação mental geral ou fraca, tal como o *e* ou *mas*. Em outras situações é necessário uma articulação mental mais específica ou forte. Eis aqui algumas diretrizes.

Sugestão n.º 1

Os grandes vendedores escolhem propositadamente as articulações mentais fracas no início da venda. Eles apenas sugerem uma associação entre dois eventos, com os quais é quase sempre impossível discordar.

Sugestão n.º 2

As articulações mentais, tais como *desde, como, enquanto* e *durante* são mais úteis no meio da interação de vendas, após você ter conquistado alguma confiança e *rapport* com o seu cliente. "Como você já está dentro do carro, ligue-o." Não há dúvida que aqui o cliente está dentro do carro. A articulação mental *como* associa esta pequena parte da realidade à afirmação principal de que o cliente deveria ligar o carro.

Sugestão n.º 3

Os grandes vendedores deixam as articulações mentais mais fortes para serem usadas ao se fechar a venda. O cliente precisa confiar e acreditar em você para que elas sejam eficientes ao máximo, se não elas serão desperdiçadas. Elas significam que duas coisas são absolutamente associadas e que uma causa a outra. "Colocar juntos empresários de alta tecnologia, capitalistas de risco e universitários, tornará este estado um dos mais ricos da nação." Aqui foi usada a articulação mental *tornar*. Tais articulações fortes podem ser eficazes também no início da entrevista de venda, quando você as usa para estabelecer expectativas positivas no cliente.

Eu estava observando uma das maiores agentes imobiliárias em ação no Estado de Oregon. Ela dizia ao cliente: "No momento, não estou segura se quero mostrar-lhe esta última casa. Está apenas um pouco fora de seu limite de preço, e ela é tão bonita, que só de olhá-la fará com que você queira comprar." Ela usou a articulação mental *fará* para estabelecer uma expectativa positiva na mente do cliente. Ele almejava uma bela casa, e, quando ele a viu, apaixonou-se por ela e comprou.

A lógica das vendas

Às vezes os vendedores podem ser lógicos em excesso nas suas apresentações de vendas. Eles falam usando sentenças curtas e rápidas, e não sabem ligar as coisas. Eles dão a impressão de serem secos, quadrados e sem vida. Em termos de computação eles seriam denominados "usuários não amistosos". Se você prestar atenção nos grandes vendedores, irá ouvir sentenças longas e fluentes que unem todas as coisas, mesmo que não pareçam estar relacionadas entre si. Isto é chamado *lógica da venda.*

Os grandes vendedores concentram a sua atenção no cliente ao invés de no produto. O seu traço mais bem desenvolvido é a flexibilidade. Eles usam qualquer evento ou de qualquer coisa disponível para realizar uma venda. Eles possuem um brilho que causa perplexidade, o tipo de inteligência que o ajuda a ter sucesso na vida mesmo que você não tenha seu diploma secundário. Não se limite à lógica rígida ou antiquada ao fazer suas apresentações de vendas. Para ter o sucesso de um grande vendedor, fale como ele. Sinta prazer em usar articulações mentais para fazer as conexões de que você precisa para vender.

APAGADORES MENTAIS —
UMA OUTRA TÉCNICA DA LÓGICA DE VENDAS

Os cartazes ao longo das auto-estradas falam alto: "Incrível! Stu Evans vende Ford pelo menor preço." Numa estrada calma do interior, um outro cartaz diz: "Vendem-se ovos frescos." O *outdoor* diz sobre o político: "O povo tem razão. Ele fez mais pelo Estado do que qualquer outro candidato eleito." Cartazes como esses são comuns e nos falam na linguagem cotidiana.

Stu Evans não diz para você o que ele quer dizer com "vende pelo menor preço". Menor comparado com quem? Isso se aplica a todos os modelos, ou somente para alguns? Em dias especiais ou durante toda a semana? Ao analisar essas coisas, o cartaz realmente não diz muita coisa, mas soa bem aos ouvidos.

As pessoas são o tempo toda fisgadas por esse tipo de engodo verbal, mas realmente elas não se importam. Os bons negociantes certamente irão comprar os seus carros pelo menor preço, nesta ou em qualquer outra revendedora. De qualquer modo, os menos motivados não irão perceber a diferença; irão pensar que conseguiram a melhor oferta, porque é isso que os cartazes dizem.

De maneira similar. "Vendem-se ovos frescos" não é o mesmo que "ovos de hoje, domingo, 19/6/85 às 3 horas da madrugada." "O povo tem razão", faria sentido somente depois de os votos serem computados, e não antes. "Ele fez mais pelo Estado do que qualquer outro candidato eleito" deixa toda a interpretação a cargo do eleitorado. Fez mais o quê? Comparado com quem? Talvez ele tenha gastado mais dinheiro para que os ursos polares não tivessem insolação ou assinado quatro decretos-leis para a instalação de indústrias de estilingues computadorizadas no interior do Estado.

Os *posters* refletem muito a nossa maneira de falar. E isto é mais do que suficiente para uma conversa trivial. É verdade que às vezes as pessoas pedem-lhe que seja mais explícito, o que não tem nada demais — apenas dê-lhes o suficiente e vá em frente. Ou senão, lance um truísmo na direção do questionador, tal como "querer evitar de trocar a floresta pelas árvores" ou "olhar para um grande quadro" e deixar os detalhes para depois. Existem possibilidades de as pessoas quererem entender, e como você não as está sobrecarregando ou aborrecendo-as com detalhes, elas gostarão da sua apresentação.

O que são os apagadores mentais?

Trata-se de palavras comuns que dão a impressão de serem específicas e eficazes, mas sob um exame mais minucioso elas não o são na realidade. São máscaras. São uma ilusão, e é por isso que funcionam tão bem na cabeça daquele que as ouve. Elas possibilitam seu cliente chegar ao significado personalizado que ele quer dar ao que ouve e colocar nele o selo da sua interpretação. Tais palavras projetam o poder e transmitem confiança. Pelo fato de elas soarem de forma tão absoluta, são tranqüilizadoras, e é fácil para o cliente tomar uma decisão positiva. Eis os exemplos:

- "Esta é certamente a sua melhor escolha."
- "Ela gosta deles."
- "Não existe uma toalha melhor em lugar nenhum."

Por que é uma ilusão? Olhe para os três exemplos novamente e pergunte; por que, certamente? É a melhor escolha baseando-se em quê? O que o torna óbvio? É melhor de acordo com os padrões de quem?

Os três tipos de apagadores mentais

Tipo de apagadores	Amostras de palavras	Informações apagadas
apagadores em -mente	claramente, obviamente, certamente, definitiva-mente	Claro para quem? O que o torna óbvio?
apagadores mais... e o mais...	mais rápido, mais lento, o mais belo, o mais forte	Comparado com quê? O que o torna assim?
apagadores menos e mais, o menos e o mais	o menos caro, mais efi-ciente, o mais valioso, o menos difícil	Comparado com quê? O que o torna o mais ou o menos?

Um vendedor treinado localiza os apagadores mentais no momento em que o cliente usa-os para se defender intuitivamente no final, e os desarma com perguntas precedidas de uma afirmação mitigadora.

- "Certamente eu vejo, ouço e sinto onde o senhor quer chegar. Poderia me dizer o que quer dizer com..., por favor? (Afirmação suavizante.)"
- "É óbvio que eles conseguiram com que você abaixasse o preço." (Não estou seguro do por que é óbvio.)
- "É definitivamente caro demais para você." (Por que definitivamente?)
- "Certamente o seu serviço atual é melhor." (Melhor de que maneira?)

A força dos apagadores mentais pode surpreendê-lo. Seu impacto motivacional é grande, embora quanto mais analítico você for, quanto menos favorável será a sua reação diante deles no início. Eles são o oposto daquilo que lhe ensinaram no segundo grau e na faculdade. Por exemplo, evite as palavras que terminam em -mente nas redações o quanto puder. Usando as palavras mais e menos que completem a sentença como em "Stu Evans vende todos os seus carros Ford por menos do que qualquer revendedor da cidade." Ou: "Este é o melhor casaco no que diz respeito ao corte." Certamente escrever bem e vender bem são idiomas diferentes, não tanto quanto o francês e o alemão, porém diferentes de qualquer maneira.

Com um pouco de adaptação e de flexibilidade, até mesmo um bolsista da Rhodes * pode tornar-se um vendedor. Portanto, há esperança para todos.

---

* A bolsa de estudos Rhodes é concedida, para estudar na Universidade de Oxford, Inglaterra, a estudantes de algumas colônias inglesas e dos Estados Unidos. (N. T.)

Qual é a dinâmica do poder dos apagadores mentais? O poder da sugestão. Então, por que reagimos com tanta boa vontade? Porque eles não são descobertos. Ao invés disso, eles encaminham o pensamento de seu cliente para certas linhas predeterminadas, fazendo com que ele desenvolva uma expectativa positiva daquilo que ele ouve de você. Quando você diz a alguém: "Esta é a melhor política na indústria", tudo que você disser depois disso será interpretado como sendo parte do "melhor". Num certo sentido, os dissimuladores mentais são as molduras das palavras. Se você já teve que escolher uma moldura, você conhece os diferentes efeitos que se pode obter com uma combinação de aço inoxidável e vidro, comparado aos efeitos obtidos com uma moldura de madeira esculpida. Da mesma maneira, suas palavras emolduram tudo que o seu cliente visualiza em sua mente. Eis por que as palavras que você usa no início de sua apresentação são tão importantes: elas emolduram tudo o que você diz posteriormente. Os apagadores mentais são molduras feitas por você e onde o cliente coloca a sua gravura. Essa gravura, embora seja sua criação, é baseada na interpretação daquilo que ele percebe. É por isso que o cliente aprecia e acredita nela com convicção, e irá preenchê-la com detalhes positivos. Com certeza, ele é sugestionável.

Tal habilidade em se estimular a imaginação do cliente foi refinada até tornar-se uma forma de arte através dos grandes astros de vendas, que a empregam com muito mais freqüência do que outras pessoas. Eles a usam com todos, até mesmo com as pessoas técnicas e analíticas, principalmente no início e no final de uma entrevista de vendas. Eles esperam construir uma expectativa positiva no início e querem deixar seus clientes com uma expectativa positiva no final e para o próximo encontro.

Por que será que muitas pessoas preferem ler uma estória num livro a ver o filme? Por que as pessoas acreditam ver formas semelhantes a algo real nas nuvens? Por que será que os testes de manchas de tinta funcionam? Todas essas coisas fazem com que a pessoa veja o mundo de acordo com o que dita a sua imaginação e com a sua visão de mundo, e isso é muito agradável.

Quem mais usa os apagadores mentais? Sem dúvida, os anunciantes, líderes políticos, escritores independentes, líderes religiosos, autores de boletins noticiosos financeiros, e até mesmo os médicos — em suma, pessoas com as melhores credenciais na nossa sociedade. Elas fazem isso porque conseguem realizar seus trabalhos, porque isso funciona. Apenas algumas vezes alguns irão reclamar de que elas prometem mais do que podem dar, embora a falta possa ser da interpretação dessa mesma pessoa.

O Presidente Ronald Reagan, no seu discurso à nação em 24 de setembro de 1981, usou 17 apagadores mentais. Você poderia descobri-los?

Logo após eu ter tomado posse, vim diante dos senhores para montar um plano em quatro partes para a recuperação da economia nacional, isto é, diminuição dos impostos para estimular um maior crescimento e mais empregos. Fiquei contente principalmente quando a aliança bipartidária dos Republicanos e Democratas aprovou o maior corte de impostos e a maior redução nos gastos federais da história da nossa nação.

Bem, esse orçamento... com uma falsa hemorragia e ferido num mar de tinta vermelha. Assegurei que não poderíamos ficar à toa e ver a mesma coisa se repetindo novamente. Quando apresentei o nosso programa de recuperação econômica ao Congresso, disse que tínhamos o objetivo de cortar firmemente o *déficit* para alcançarmos um equilíbrio por volta de 1984. ...Para um número cada vez maior de trabalhadores americanos, o imposto da Previdência Social já é o maior que eles pagam.

Acredito que existam melhores soluções. A nossa intenção nunca foi a de eliminar esta ajuda daqueles que realmente precisam dela. ...Porém, e isto é o mais importante, aqueles que se aposentaram antes do tempo poderiam ter tido direito aos 80% do pagamento. Caso tivessem continuado a trabalhar por apenas 20 meses suplementares. ...Eles merecem mais de nós.

Note que duas dessas sentenças persuasivas usadas pelo presidente contêm cada uma três apagadores mentais. Depois de havê-los identificado todos, classifique-os. Veja quantos são os dissimuladores terminados em *mente,* em *o menos* e *o mais, mais... que.* Se você conseguir uma cópia de um pequeno discurso do presidente, você verá que ele usou mais de duas vezes nas de outros apagadores mentais além dos que são montados aqui. O presidente e os redatores de seus discursos conhecem o poder dos apagadores mentais e os utilizam muito bem.

Clientes difíceis

Com os clientes desconfiados, você deverá combinar os apagadores mentais com truísmos, afirmações que são indubitavelmente verdadeiras e óbvias. Por exemplo, um vendedor de uma companhia prestigiosa como a IBM pode dizer: "Obviamente, ninguém oferece um serviço melhor que a IBM." O próprio cliente acrescentará os detalhes sobre o porquê de isto ser óbvio. Ou senão, o vendedor poderia dizer: "Sem dúvida alguma, este é o melhor *software* para as suas necessidades." Isto forma uma poderosa imagem positiva na mente do cliente.

Dito de outro modo, os apagadores mentais são como vitaminas. Eles funcionam melhor quando usados com freqüência durante a sua apresentação. Você não pode usá-los apenas uma ou duas vezes e se sentir desencorajado quando não vir resultados imediatos.

Alguns profissionais campeões em vendas usam dois ou três apagadores mentais numa sentença. Por exemplo: "Levando-se em consideração o preço, este é sem dúvida alguma o carro esporte mais excitante." "Certamente, eu e você sabemos que este é o melhor custo de qualquer casa desta região." Ou: "Este processador de palavras é obviamente, o mais atraente para as pessoas que irão usá-lo."

Como você pode saber se os apagadores mentais não estão funcionando ou se foram usados em excesso? Olhe para a reação do seu cliente como uma dica. Quando ele pede uma porção de detalhes, dê-lhos. De fato, você precisa saber se você está lhe dando uma dose excessiva. Logo que o cliente demonstra estar satisfeito, volte a usar os apagadores mentais positivos. Dirija a mente do seu cliente de maneira positiva para um resultado positivo, e ele preencherá com detalhes positivos.

Como eles funcionam

Os apagadores mentais funcionam simplificando as coisas para o cliente naquilo que eles envolvem a mente e a atenção.

Em geral, os vendedores comuns tendem a falar demais ou recitar fatos secos e entediantes a respeito de seus produtos ou serviços. Todos os clientes, até mesmo aqueles espertos, gostam de coisas simples. Os apagadores mentais lhe permitem fazer isto e ser eficiente como o profissional Joe Girard, o vendedor de carros mais bem-sucedido do mundo, que diz: "Eu não tenho um conhecimento técnico dos automóveis. Que diabo! Não é isso que os clientes compram. Você assusta a maioria deles quando você toca na relação entre mecanismos e a potência do carro."

Quando você diz ao cliente que a apólice de seguros irá "perfeitamente" (apagador terminado em *mente*) ao encontro de suas necessidades, a imaginação dele dirá o que significa "perfeitamente". Quando você diz a um cliente que um contrato é o que mais condiz com suas necessidades (apagadores *mais*), o seu inconsciente lhe dirá o que isso significa.

Quando você usa apagadores mentais, você faz com que a mente do cliente preencha com os dados específicos que você omitiu com respeito ao que faz um contrato "condizer mais com suas necessidades". E os detalhes que surgirão em sua mente serão mais significativos do que qualquer fato que você pudesse lhe dar. Esta é uma verdade científica. O cliente acredita naquilo que ele próprio propõe, e portanto está apto a acreditar em você. Esta é uma outra maneira de criar sensações agradáveis entre vocês dois.

Para muitos vendedores a ênfase nos apagadores mentais é a princípio atordoante. A maioria nunca tinha ouvido falar disso antes, muito menos conhecido a sua eficácia. Mesmo assim, seus próprios clientes fazem-nos tropeçar com esses fantasmas mentais todos os dias da semana.

Recentemente trabalhei com um agente de publicidade de um grande jornal metropolitano, visitando clientes que ele não poderia perder. Eis como um deles respondeu a um "Por que você não negocia conosco, ao invés de fazê-lo com o concorrente?"

O cliente respondeu: "Vou lhe dizer por quê. Seu concorrente me faz um negócio melhor. Você conhece essa: você me faz um bom negócio e eu negocio com você."

O meu amigo, tendo antes feito seis visitas a esse homem, encolheu os ombros e me olhou como se eu fosse o Lone Ranger.

Eu: "Você poderia me ajudar a esclarecer uma coisa?"
Cliente: (Acenos de cabeça.)
Eu: "Quando você diz que os outros fazem um negócio melhor, o que quer dizer com isto?"
Cliente: "Eles me dão um desconto de 30% do preço normal."
Eu: "Ah, sei. Então, o que você está dizendo é que ao invés de lhe custar mil dólares, você paga apenas setecentos dólares. Será que estou certo?"
Cliente: "Está certo."
Eu: "Entretanto, não está esquecendo de uma coisa?"
Cliente: "O quê?"
Eu: "De acordo com alguns clientes que conheci, você consegue no mínimo uma assistência de 30 a 50% por parte dele (apontando para o meu amigo). Então, vamos ver o que isso significa em dólares e centavos para o seu negócio. Está pronto para começar?"
Cliente: "Claro."
Eu: "Para 700 dólares com os outros você consegue uma importância de sete mil dólares de negócios. Para mil dólares do nosso amigo aqui, você conseguirá no mínimo dez mil dólares de retorno. Em outras palavras, os 300 dólares extras investidos na publicidade trazem para você um extra de três mil dólares em trabalhos. Aposto que vocês nunca olharam para a questão deste modo."
Cliente: "Não, suponho que não olhamos para isso desta maneira."

Nós conseguimos o anúncio. Note como no início o cliente usou o apagador mental conosco, e como se diz no jogo de *poker*, como fomos espertos. Note também como usamos o nosso próprio apagador mental com ele, e ele não o percebeu. Na realidade, o retorno do investimento era de 10% em ambas as situações, mas isso não é a única medida de comparação para fazer uma escolha, naturalmente.

Será que você consegue apreciar agora o poder secreto dos apagadores mentais quando usados contra você? Você sabe como pode se defender contra eles no futuro? E principalmente, você consegue sentir o impacto que terá quando for usá-los com seus clientes para fazer com que eles reflitam até chegarem a uma conclusão? Use apagadores mentais para ajudar aos seus clientes a decidirem por você e pelo seu produto.

11

NOVOS USOS DA TÉCNICA
DO SIM REPETIDO

Quando revejo as minhas decisões para o Ano Novo, vejo que a Companhia B está novamente na lista dos meus objetivos. Durante os dois últimos anos conheci dois administradores daquela empresa, porém sem nenhuma incursão significativa. A empresa parece um cliente ideal. Ela possui um potencial enorme e está nas proximidades do nosso escritório. Mas tenho um duplo problema: descobrir quem é que toma as decisões, e então conseguir uma apresentação favorável junto a ele ou ela. Desta vez, decidi ir até o topo usando a técnica de apresentação fria.* Andando a passos largos pelo corredor até a mesa de recepção, eu perguntei onde ficava a sala do chefe executivo.

— Gil Rogers, por favor.

— A quem devo anunciar?

Eu lhe dei o meu nome, mas não o cartão de visitas.

— Você tem um cartão?

— Não é possível, Srt.ª Carr. Sinto muito. Gostaria de fazer uma surpresa a ele.

Ela sorri, liga para o andar superior, e então me informa que ele está fora da cidade esta semana.

— Há um executivo de posição que poderia me receber por alguns minutos? Preciso de alguém de alto nível para me dar algumas orientações. É assunto de importância.

Srt.ª Carr mostra que entendeu e começa a discar.

— Estamos com sorte — ela informa. — O vice-presidente terá prazer em falar com você durante alguns minutos.

---

* *Cold call technique.* Técnica de apresentação fria — técnica usada em visita ou telefonema a um cliente, sem preparação prévia. (N. R. T.)

117

— Obrigado pela sua ajuda. Fico realmente grato pelo que você está fazendo.

O vice-presidente mostra ser um homem aberto e simples, e diz: "Pois então, diga-me do que precisa, e vejamos se posso ser-lhe útil."

Agradeci-lhe e continuei: "Muito obrigado pela sua ajuda. O senhor se importaria se eu fechasse a porta?"

— De jeito nenhum. (Sim, você pode fechá-la.)

— O senhor se importaria se eu me apresentasse primeiro, e depois lhe contasse o que eu faço?

— Não. Está ótimo assim. (Sim prossiga.) — Eu lhe agradeci rapidamente, dei-lhe algumas informações básicas e continuei: — Que tal se eu lhe dissesse que descobrimos uma maneira de lidar com um problema específico deste tipo de empresa, de grande interesse para muitos dirigentes de indústrias. O senhor acha que o seu presidente seria receptivo o suficiente para ouvir o que tenho a dizer?

— Tenho a certeza que sim — disse o vice-presidente. (Sim.)

— Parece-me prometedor — acrescentei, reforçando-o.

— Explique-me um pouco mais sobre isso.

— Eis o que temos aprendido com os nossos clientes. Parece que o desafio que está atualmente encarando é... É mais ou menos assim que o senhor está achando?

— Sem dúvida. (Sim.)

— E o que o senhor está indicando é que se trata de uma questão bastante importante para que o setor de operações queira examinar em detalhes?

— Ah, certamente. Acho que ele gostaria de saber. Naturalmente, você deve compreender que cabe a ele tomar quaisquer decisões. Não posso lhe prometer nada.

— Compreendo. Será que seria mal educado pedir-lhe, talvez, que arranjasse um encontro com ele? Teria prazer em examinar a questão com ele.

— De maneira nenhuma. Deixe-me ver se ele está em sua sala. (Sim.)

O vice-presidente de operações está fora da cidade. Ray, o vice-presidente, deixa um recado, dizendo que vou telefonar. Nós apertamo-nos cordialmente as mãos, por termos feito progresso juntos. Vários dias depois telefonei para o vice-presidente de operações. Ele me surpreendeu de imediato com seu tom cordial, dizendo: "Estava esperando o seu telefonema. Ray me contou tudo sobre você."

Este foi o início de um relacionamento longo e produtivo, graças, em parte, às perguntas estruturadas, as quais resultaram na *técnica do sim repetido.*

A empatia e a vontade de vencer são características fundamentais dos grandes astros de vendas.

Uma maneira ideal de criar empatia, enquanto se mantém a vontade de vencer é por meio da técnica do sim repetido, uma técnica poderosa que move as pessoas por causa de sua inigualável capacidade de desenvolver um sentimento de concordância entre o seu cliente e você. O interlocutor sente-se bem com esta técnica do sim repetido, praticada habitualmente pelos indutores profissionais. Os indutores profissionais absorvem-na mais ou menos por osmose, e desde que você queira aprender com eles e aplicá-la de maneira ética, estará se beneficiando. E com este processo você irá economizar a sua voz, pois os vendedores não são pagos pelo número de palavras que falam.

O que é a técnica do sim repetido? É uma maneira especial de falar que faz com que outras pessoas fiquem com vontade de dizer-lhe sim ou concordar com você com um aceno de cabeça ou dizer *OK.* Isso é convincente sem ser óbvio.

A técnica do sim repetido é comparável aos muitos cabos para a construção da ponte de comunicação com o cliente. Construa uma sólida estrutura entre vocês agora e para o futuro. Para o cliente, o sim repetido torna-se um jogo mental. Concordando com você com um sim e uma exclamação, ele quer continuar do seu lado para consolidar o seu sucesso. Você já teve a experiência de ir comprar móveis ou utensílios com alguém da sua família e se viu concordando com as sugestões do vendedor em detrimento das da sua família? Talvez o vendedor tenha apenas usado a técnica do sim repetido.

Você tem uma variedade de estruturas do sim repetido para escolher. Ben Feldman, o Babe Ruth * da venda, diria: "Você concorda comigo?" Eis as variações:

- Você encontrou...?
- Seria justo dizer...?
- Algumas vezes você acha...?
- Na sua experiência...?
- Você sempre encontra...?
- Isto se parece com algo que você já ouviu antes?

Uma segunda maneira de estruturar um conjunto de afirmativas é fazer uma afirmação e terminar com "certo" ou "está bem".

---

* George Herman Ruth (1895-1948), famoso jogador norte-americano de beisebol. (N. T.)

119

- Observe o indicador, está bem?
- Use papel comum nesta copiadora, certo?
- Segure o taco assim, certo?

Observe o efeito suavizante desse "certo" ou "está bem". Observe como ele quase que exige um consenso. Se você se cansar com o do "certo" ou "está bem" tente o "tudo bem?"

Uma terceira estrutura similar é dizer alguma coisa e prosseguir com "você está vendo?" "está certo?" "algum problema?" ou "você está me acompanhando?"

Uma quarta maneira de conseguir o sim é fazer de uma generalização óbvia — algumas pessoas chamam isso de afirmação trivial — uma pergunta:

- De "Todo mundo gosta de uma barganha" para "Todo mundo gosta de uma barganha, não é verdade?"
- De "Os clientes esperam um bom serviço" para "Os clientes esperam um bom serviço, não é verdade?"

Veja novamente como este pedido de consenso faz a ponte entre as pessoas. Eis aqui mais exemplos:

- "Há tanto tempo, não foi?"
- "Não vemos mais aquelas coisas, vemos?"
- "Hoje está quente, não é?"

Uma quinta maneira é repetir o que cliente diz e acenar a sua cabeça afirmativamente.

- "Você gosta?"
- "Você tem 28 anos?"
- "Você é engenheiro?"

Observe a sugestibilidade do aceno. É uma maneira de comunicar amizade e aceitação e criar uma resposta afirmativa.

QUANDO UM NÃO É UM SIM

A língua portuguesa possui certas peculiaridades, e uma delas é que algumas vezes um não quer dizer sim. Você não quer que eu o confunda, não é? Você diz não. Então quer dizer que você quer que eu o confunda? Vamos colocar ordem nessa bagunça. Você está dizendo: "Sim, você tem razão. Não, eu não quero ser confundido." Que tal isto: "Não, eu não quero." (Sim, você tem razão.) "Você não quer ser o segundo melhor?" "Não, eu não quero. (Sim, você tem razão.)"

PONTE PARA O CLIENTE

Dentre os poucos meios de planejar uma aceitação, a técnica do sim repetido, que consiste em uma série de perguntas fechadas, dispersas no fluxo da conversa, é a mais fácil de ser seguida e colocada em prática.

Qual é a diferença entre os conjuntos de afirmação e o acomnhamento? O primeiro é o método de fazer o acompanhamento de generalizações e observações e é utilizado para conduzir o cliente, e para comandos de ações secretas. Quando você combina os conjuntos de afirmação com o acompanhamento da linguagem corporal, volume da voz e ritmo, você toca o coração e a mente do cliente, sendo esta a melhor maneira de se efetuar uma venda.

Jim Alexander era um grande vendedor, e foi melhor ainda como instrutor de vendas. Ele observava as pessoas trabalhando com um cliente, sem se fazer notar e depois lhe apresentava um relatório de oito páginas. Na primeira página ele escrevia: "Anime-se", ou qualquer outro título reanimador, ao entregá-lo a você diria para lê-lo um pouco antes de ir para a cama. Jim possuía muito talento. As pessoas admiravam a sua capacidade de fazer com que os outros quisessem acompanhar seus passos, mesmo aqueles que tinham acabado de conhecê-lo. Ele tinha o dom para induzir respostas afirmativas.

Jim: "Sr. Jones, posso fazer-lhe uma pergunta?"
Cliente: "Claro."
Jim: "Suponha que fosse possível fazer uma economia de cem mil dólares, usando uma técnica com a qual se sentisse bem. Estaria interessado em ouvir?"
Cliente: "Claro. Do que você está falando?"
Jim: "O senhor concordaria comigo que para a maioria de nós é importante elevar a nossa qualidade, enquanto conseguimos resultados melhores através dos nossos recursos disponíveis?"
Cliente: "Naturalmente."
Jim: "O senhor diria que a melhoria da qualidade não é uma coisa ocasional, mas de todos os momentos?"
Cliente: "Sim."
Jim: "Seria correto dizer que quanto mais pessoas colocarmos no trabalho para melhorar a qualidade, melhor seria o resultado geral?"
Cliente: "Lógico."
Jim: "O senhor acha que a qualidade é de importância singular para manter um nível competitivo de produtividade?"
Cliente: "Sim."

Jim: "Será que podemos dizer que sem qualidade a produtividade é insignificante nos dias de hoje?"

Cliente: "Exatamente."

Jim: "A sua posição na competição seria mais segura se o senhor conseguisse reduzir sua perda e o seu índice de rejeição, enquanto aumenta a produção?"

Cliente: "Sim, lógico."

Jim: "A última estatística dos centros de controle de qualidade e dos centros de produtividade afirmam que, em média, o senhor economiza 30% ou mais, nos custos de operação na companhia de serviços e 20% das vendas, na maioria das companhias industriais. Se o senhor conseguisse aumentar em pelo menos a metade, concordaria que seria razoável?"

Cliente: "Certamente seria razoável."

Jim: "Há alguma razão para que não queira fazer alguma coisa a respeito disto tão logo que possível?"

Cliente: "Nenhuma em que eu possa pensar."

UMA FERRAMENTA PARA CONDUZIR O CLIENTE

Vamos dar uma olhada nestes exemplos para sentir o seu poder de condução:

* Faça-me a gentileza de examinar estes números, está bem?
* Seja camarada e observe aquela porta, está bem?
* Dê-me um sorriso, está bem?

É possível notar como o *está bem*, por si só, pode tornar-se um apoio, tomar o comando e suavizá-lo a ponto de soar como um pedido, ao invés de uma ordem?

A técnica do sim repetido faz com que os clientes digam sim, sim, sim, e sim. Além disso, eles dizem em voz alta e podem acabar parecendo um circuito infinito ou um gravador estragado. A técnica faz o cliente criar o hábito de dizer sim, e quando chega o momento de fechar a venda, o que poderia ser mais natural do que dizer sim após toda essa prática?

POR QUE ISSO FUNCIONA

A técnica do sim repetido é um instrumento de múltiplas aplicações para vendas. Em primeiro lugar, ela estabelece uma expectativa positiva na mente do cliente, provendo-o com fatos que lhe dão autoconfiança e com espírito voluntarioso. O cliente começa a esperar pelo positivo, a procurar o positivo e a descobrir o positivo. E após encontrá-lo, será mais do que provável que ele compre, certo?

Em segundo lugar, quando você faz com que o cliente aceite algo que você diz, você está fazendo com que a sua afirmação torne-se uma parte do cliente. É quase como se você não tivesse dito, pois ao aceitar o que você diz, ele se responsabiliza pela afirmação e vai em frente. De fato, você estaria colocando as palavras na boca do cliente, não é? E por que será que isto funciona bem? Porque ele acredita naquilo que ele está dizendo, mas não necessariamente em tudo que você diz. Logo, se você quer que o cliente acredite em você, faça com que ele o diga. É tão simples quanto parece. É bem provável que ele irá falar sobre isso com seus colaboradores posteriormente, como se soubesse disso há anos, conseqüentemente impressionando-os, e a si mesmo, pelo bom negócio que fez.

Em terceiro lugar, o sim repetido é o equivalente verbal de ter o pé na porta. Se você não faz com que o cliente abra a porta antes de mais nada, como poderia ser possível entrar na casa? Se a porta está apenas entreaberta e ele está espiando-o com reserva, se você simplesmente o defronta com o grande ponto a ser resolvido, é provável que ele lhe diga rapidamente: "Vou pensar no assunto", e feche a porta.

Quanto maior o número de respostas afirmativas, mais o cliente cria o hábito de ser receptivo às suas idéias e mais a porta se abre. No momento de fazer a pergunta final, é mais provável que ele se afaste para deixá-lo entrar em casa, e você terá realizado a venda com sucesso.

LIMITAÇÕES DO SIM REPETIDO

Como instrumento convencional e persuasivo, o sim repetido funciona com todo mundo, mas você precisa fazer com que seus interlocutores se habituem com ele. Com clientes normais você pode usá-lo livremente em todas as suas formas. Os clientes que recompensam a cortesia e as boas maneiras agindo, eles também dessa maneira, reagem bem à técnica do sim repetido com "está bem", no final da frase. Use-a de modo cordial e amigável antes de pedir-lhes para seguir a sua orientação. Por exemplo: "Experimente isso, está bem?" "Vamos olhar estes carpetes aqui, está bem?" "Gostaria que você segurasse isto por um momento, está bem?" Quando usado de maneira adequada, o cliente irá achar que você é uma pessoa atenciosa e agradável, até mesmo charmosa, bem do jeito que ele gostaria de ser.

CLIENTES HOSTIS

Certos clientes têm as suas próprias razões de serem críticos ou desconfiados. Eles podem afetar a sua maneira de agir, de modo negativo. A sua maneira de agir e o seu tempo são os dois grandes recursos de que você dispõe para a venda. No entanto, quando se trata deste tipo de cliente, não entre na dança deles. Evite-os, tornando as afirmações generalizadas em perguntas: "Nada é fácil, não é?" "Nunca se é cuidadoso demais, não é mesmo?" "O que precisamos neste país é de menos palavras e mais ação, você concorda?" "Um pouco de cada vez, certo?" "Com um pouco de paciência se resolve a questão, não é mesmo?" "Nada supera o bom desempenho, você não acha?" "Você deve a si mesmo ter chegado onde está agora, não é verdade?" "Muitos são chamados, mas poucos são escolhidos, verdade?" "Qualquer um pode afirmar qualquer coisa, certo?" "A situação de cada companhia é diferente, não é?" "Os dirigentes profissionais só têm três recursos, com os quais contar, não é verdade?"

Ou então, transforme as observações em perguntas: "A sua recepcionista sempre parece estar alegre no telefone, não é?" "A vista daqui é realmente especial, não é?" "Não é sempre que se vê um relógio como este, não é?" "Por aquilo que eu li e ouvi, a perspectiva dos negócios nessa área parece ser boa, não é?" "Temos realmente tido sorte com o nosso time, não temos?" "A sua coleção de outono está melhor do que nunca, não é?"

Para obter ainda melhores resultados, faça afirmações que são indubitavelmente verdadeiras e transforme-as em perguntas. Isto irá garantir uma resposta sim: "Todos nós temos nossas razões para fazermos as coisas, não é?" "Todo mundo tem sentimentos, não é?" "Sempre existe uma certa porcentagem, não existe?" "Nada que valha a pena jamais foi inventado por um pensador negativista, certo?" "A idéia é a mãe da ação, não é?" "Não existe nada de graça, existe?" "Se você quer estar na frente, você tem que merecer, certo?" "Todo o mundo adora uma pechincha, não é?" "Todo o mundo quer ser importante, certo?" Tais perguntas farão efeito no cliente. E agora, que tal alguma coisa sobre o vendedor?

CURANDO-SE DA SÍNDROME DA INSISTÊNCIA

Como você pode ser assertivo — adequadamente agressivo, se você prefere — sem parecer insistente? Como chegar onde quer, sem ofender ninguém? Como perder o rótulo de insistente da sua personalidade? A receita para a cura instantânea é a técnica do sim repetido seguido de "está certo, está bem" a ser tomada em grandes doses, durante as entrevistas. E se você tomasse apenas algumas pílulas? Veja abaixo.

QUANDO NÃO FUNCIONAR

A única razão do sim repetido não funcionar é não usá-lo o bastante para estabelecer a ponte da comunicação. Não é realístico

124

esperar que um cliente diga sim duas ou três vezes durante a introdução da venda e no final.

Dê ao cliente e a si mesmo muitas oportunidades para praticar. Quase todas as coisas que ele mencionar podem ser remodeladas na forma de uma pergunta para conseguir o sim. Por exemplo: "Você disse ter estado aqui por dez anos?" "Você disse que o investimento não apresentará problemas?" "Você disse que as pessoas estão interessadas na sua empresa?" "Você disse que o crescimento das vendas é importante para você?" "Você fez referência a certas injustiças um minuto atrás?"

NO CASO DE UM "NÃO"

Um lutador de boxe ou um tenista profissional quer saber o que irá e o que não irá funcionar com um adversário. No seu trabalho também, é importante determinar o que irá e o que não irá funcionar com um cliente. Um "não" esclarece um falso juízo que você fez a respeito da situação do cliente e o faz voltar para o seu alvo. Uma porção de respostas afirmativas irá pesar e exceder muito mais as poucas negativas que normalmente você irá ouvir durante uma entrevista. Mas continue fazendo com que o cliente responda sim.

APRESENTAÇÕES FRIAS PARA ENTREVISTAS

Segundo Eddie Cantor "leva-se 20 anos para tornar-se um sucesso da noite para o dia". De modo semelhante, é preciso uma porção de pequenos entendimentos para se chegar a um grande entendimento, de acordo com a natureza humana.

Jan Ostezan demonstrara a apresentação fria de entrevistas para uma audiência atenta. Ela era tão habilidosa que qualquer um podia pegar um número na lista telefônica e ela ligava imediatamente e conseguia uma entrevista. Quando ela usava um microfone, sua audiência podia escutar cada palavra.

Jan: "Alô. É a sra. Liggett?"
Sra. Liggett: "Sim, é ela."
Jan: "Sra. Liggett, é Jan Ostezan da *Tagrn Corporation*. Como vai?"
Sra. Liggett: "Muito bem."
Jan: "Bem, estamos fazendo um levantamento sobre produtos de limpeza de casa para o nosso cliente. A sra. já usou alguma vez um produto chamado *Fantastic* ou 99?"
Sra. Liggett: "Certamente."
Jan: "Já?"

Sra. Liggett: "Sim."

Jan: "Sinto entusiasmo na sua voz."

Sra. Liggett: "Sim, estou entusiasmada, e acho que eles são ótimos."

Jan: "Isso é o que todos falam. Aposto que a sra. é uma boa dona de casa."

Sra. Liggett: "Bem, obrigada."

Jan: "Bem, a sra. estaria disposta a experimentar um novo produto que faz um serviço tão bom quanto o *Fantastic* ou 99, se pudesse economizar um bocado de dinheiro?"

Sra. Liggett: "Certamente, se pudesse experimentá-lo primeiro."

Jan: "Muito bem, vejo que a sra. é cuidadosa, também."

Sra. Liggett: "Sim, eu sou."

Jan: "Ótimo. Bem, tenho algumas boas notícias. Eu tenho que estar no seu bairro esta tarde, de qualquer maneira. O seu endereço é *Washington Square*, 32, está certo?"

Sra. Liggett: "Sim, está certo."

Jan: "A sra. estará em casa por volta das 16 h?"

Sra. Liggett: "Não tenho certeza."

Jan: "A que horas a sra. estará com certeza, pois marcarei na minha agenda o horário certo e lhe darei a oportunidade de experimentá-lo."

Sra. Liggett: "Às 15 h."

Jan: "Ótimo, sra. Liggett, passarei lá, então. Eu a vejo às 15 h e obrigada."

Sra. Liggett: "Obrigada."

Você viu como ela fez cada uma das perguntas de modo a conseguir uma resposta positiva da sra. Liggett?

Uma organização profissional de entrevistas apresenta resultados quase perfeitos ao utilizar uma técnica similar à usada acima para atrair clientes potenciais para seus escritórios. Com a ajuda de um consultor, eles programaram uma série de conjuntos afirmativos que soavam adequadamente cordiais, atenciosos e exatos. Logo perceberam que tinham programado a sua própria obra-prima. Faltava apenas chamar os clientes.

A técnica do sim repetido é definitivamente o máximo em tecnologia. E possui uma longa história. Há algumas décadas, alguns autores aconselharam que as conversas e entrevistas sobre negócios começassem com algumas perguntas que pudessem ser respondidas com um sim. Eles não faziam nenhuma exigência ao interlocutor. Posteriormente, aconselharam que fossem usados os conjuntos de afirmação para perguntas finais de interrogatórios e para resumos que precedem o fechamento. Hoje, o seu uso é, naturalmente, muito mais amplo.

Dick Downs é o tipo de vendedor que é motivo para lendas. Dono de um enorme bom senso, senso de humor agradável, e para coroar uma cara-de-pau incrível. Ele é um inventor de estilos. Mas o que ele inventou? Uma nova aplicação do conjunto afirmativo. Imagine o seguinte: Dick visita Harry a cada seis semanas mais ou menos, para pegar pedidos. Ocasionalmente, Harry arranja encrenca ou objeta numa pergunta de fechamento sobre um novo produto. Agora, vejamos o que Dick faz armado com bom senso, humor e cara--de-pau. (Leia, se possível, em voz alta.)

Dick: "(Fingindo estar sério.) Harry, qual é o problema com você hoje?"

Harry: "(Reconhecendo a atitude de Dick.) Por quê? Não há nenhum problema, Dick."

Dick: "Harry, é o seu amigo Dick falando com você. Lembra-se de mim?"

Harry: "Sim, eu me lembro de você, Dick."

Dick: "Harry, você não sabe que quando você balança a sua cabeça assim (imitando o não), você está contorcendo os músculos do seu pescoço, e a medicina já demonstrou de maneira conclusiva que isso causa dor de cabeça e infelicidade. Você não sabia disso, sabia, Harry?"

Harry: "(Sorrindo com essa brincadeira.) Não, Dick, não sabia."

Dick: "Você sabia que quando você balança a cabeça para cima e para baixo assim (demonstra o gesto de afirmação), isto contorce os músculos do pescoço e das costas e o deixa bem relaxado e é benéfico para a sua saúde? Agora, faça o que eu faço está bem? Para cima e para baixo, para cima e para baixo — em uníssono, Harry. (Agora, ambos sorriem.)"

Harry: "Está certo, Dick. Agora faça o pedido."

12

GATILHOS E COMANDOS DE AÇÃO OCULTA

AS DEZ PALAVRAS MÁGICAS

Há anos os criadores de anúncios e os pesquisadores das reações dos telespectadores conhecem o poder de certas palavras — ou gatilhos — que eles infringem nas mentes do público comprador. Andy Roney do programa de televisão "60 Minutes" fez um comentário engraçado sobre as dez palavras máximas na década dos 80. Tais palavras têm um grande impacto sobre nós, pois elas nos puxam para a ação mais do que quaisquer outras palavras e é nisto que se resume o ato de compra e venda. Ninguém sugere que exista algo dissimulado ou manipulável no seu uso. São palavras comuns, que todos nós gostamos de ouvir. Elas suscitam melhor o nosso interesse do que as outras. Na ordem de preferência, elas são: "novo", "natural", "leve", "economizar", "grátis", "rico", "verdadeiro", "fresco", "extra" e "descobrir", como em "Descubra o nosso sabor novo e natural, leve, rico em textura, uma verdadeira pechincha que economiza tempo e esforço, e inclui uma oferta grátis".

Outras palavras-gatilhos são provavelmente: "agora", "poder", "simples", "inesquecível", "ímpar", "autoconfiança", "seja você mesmo", "aprecie", número 1", "garantia", "êxito" e "fácil".

Por que somente estas palavras? Nós as associamos com nossas experiências interessantes e encorajadoras do passado, e que gostaríamos de experimentar novamente. Cada um de nós tem preferência por certas palavras. Os vendedores de alto nível sabem como ouvir as nossas palavras favoritas e como usá-las para associar com as experiências que nos dizem respeito.

ASPÁRAGUS *

Como exemplo, minha família designou-me chefe da horta que estava sendo construída no fundo do quintal. Eu procurava um

---

* Trocadilho em inglês impossível de ser traduzido em português: *sparegrass* significa, literalmente, grama frugal, e aspargus, mal pronunciado em inglês, pode soar como *sparegrass*, daí o trocadilho. (N. R. T.)

ajudante e logo encontrei um conhecido meu, aposentado, que fazia serviços avulsos. Ele e a sua esposa Laura adoravam aspargos mas chamavam de "aspáragus". Todo mundo na minha família se lembrava do "aspáragus". Acompanhados por nossas esposas, examinamos a área e a achamos apropriada.

— Que tipo de verduras você e Laura gostam? — perguntei.

— Ah, praticamente tudo. Tomates e milhos, talvez feijões e batatas, e algumas melancias.

— E que tal "aspáragus"? — perguntei.

— Ah, gostamos mais do que tudo. É claro que leva alguns anos para crescerem.

— Tudo bem. Que tal se eu alugasse um arador e comprasse sementes e você preparasse e cuidasse da horta? Desse modo, você pega o que quiser e nós ficamos com o que sobrar?

Eles ficaram indecisos, então continuei a conversa.

— Mais ou menos quantas sementes de "aspáragus" eu devo arranjar?

— Ah, nós cuidaremos disso — eles se animaram. — Nos armazéns, eles cobrariam muito de vocês.

Foi assim que conseguimos a nossa horta.

ROSEBUD *

Na minha opinião, talvez o exemplo mais notável de todos está no filme *Cidadão Kane,* que por acaso foi denominado "O Filme de Todos os Tempos" por 25 críticos internacionais. Trata-se de uma estória supostamente baseada na vida de William Randolph Hearst e termina com uma única palavra: "Rosebud", escrita num trenó infantil, e simboliza os momentos de maior felicidade na vida da personagem. O filme termina com uma imagem do Rosebud.

Sempre que um acontecimento, um som, uma palavra, uma visão ou um cheiro fica associado em nossas mentes a um evento anterior, diz-se que este é marcado. Isto pode explicar as sensações de *déjà vu* que muitos de nós temos, quando uma casa ou uma pessoa ou qualquer outra coisa se parece muito com o que vimos no passado, como se provocasse em nós a ilusão de que já a tivéssemos visto antes.

Se você prestar muita atenção no seu cliente, pode perceber este tipo de experiências, sensações agradáveis e palavras que parecem ter um significado especial para ele, bem parecidos com as

---

* *Rosebud* quer dizer tanto botão-de-rosa, quanto debutante ou menina-moça.

palavras-gatilhos "novo", "natural", e outras. Para o cliente, tais experiências e palavras fazem lembrar as experiências familiares, agradáveis e positivas. Ao marcar certas experiências e sensações agradáveis, de alguma maneira, você irá ancorá-las na mente do seu cliente, e conseqüentemente melhorar os seus esforços de vendas.

As técnicas do gatilho funcionam pela associação entre dois eventos, sendo que a menção de um deles (ou uma imagem ou um som) irá automaticamente disparar a lembrança do outro. Talvez as palavras sejam os marcadores mais comuns em nossas vidas. Pense nas palavras "confiança" e "motivação" (duas palavras importantes). Na realidade, tais palavras são apenas sons, e estes sons são totalmente insignificantes para qualquer pessoa que não conhece a língua inglesa. No entanto, elas tornaram-se significativas para nós, porque nós as associamos com sensações agradáveis e experiências de valor. Pense na última vez em que alguém "vendeu" para você a idéia da participação de um curso de motivação de vendas. Sem dúvida nenhuma, tanto o panfleto como a pessoa usaram palavras como "inspiração", "confiança" e "motivação" para estimulá-lo. Você pode usar marcadores poderosos também nas suas vendas para fazer com que seus clientes se lembrem de certas sensações agradáveis.

Os gatilhos são valiosos para os vendedores. Em primeiro lugar, eles lhe possibilitam fazer a seqüência daquilo que você quer que o cliente sinta. Você pode querer que o cliente tenha um interesse maior pelo seu produto, que ache que os produtos do concorrente não são tão bons quanto os seus, e deste modo ter a sensação de urgência em comprá-lo agora. Trata-se de um exemplo simples, mas é possível marcar cada passo do cliente. E, no final, dispare aqueles marcadores para fazer com que o cliente tenha todas aquelas experiências numa seqüência condensada e acelerada. Os grandes vendedores fazem isso com freqüência, e com os exercícios fornecidos nesta seção você irá aprender a utilizá-los.

A segunda vantagem é lhe permitir parecer menos enérgico. Ninguém gosta de vendedores insistentes, e aqueles que sabem como usar os gatilhos nunca precisam ser insistentes. O ato de disparar pode ser tão fortuito que é completamente impossível ser descoberto. Pense nesta situação: um vendedor está fazendo com que a cliente descreva todas as características de que ela gosta no seu computador de escritório. À medida que a cliente menciona uma característica específica, o vendedor acena a cabeça de modo especial e diz com uma voz baixa e calma: "Certo." Visto que a cliente está falando de coisas que lhe agrada no seu computador, o reforço "certo causa nela um sentimento de satisfação. O vendedor continua a dizer: "Certo."

130

Agora o vendedor mostra o seu novo computador. No momento de fechar a venda, como a cliente continua a fazer perguntas, o vendedor acena sua cabeça naquele modo especial e diz: "Certo", naquele tom de voz calmo. Ele dispara o marcador sempre que pode. Acenar a cabeça e dizer "certo" ficou associado ao sentimento de contentamento e satisfação da própria cliente. Quando o vendedor acena a cabeça e diz "certo", ele traz de volta aqueles sentimentos — de volta ao fechamento, onde eles são necessários.

Aqui os gatilhos são visuais e auditivos. O marcador visual era a imagem do vendedor acenando a cabeça. O marcador auditivo era o som da palavra "certo". O gatilho de sensação poderia ser tocar o braço ou o ombro da pessoa no momento em que ela estiver tendo uma experiência positiva ou uma lembrança agradável. Quando tocado mais tarde no mesmo lugar, as boas sensações retornam.

As técnicas do gatilho são tão eficazes nas vendas quanto na vida real. Você tem alguma música ou um perfume ou uma loção após barba que seja especial? O que é que faz com que eles sejam especiais? É que eles foram marcados. Uma canção especial pode fazê-lo lembrar do seu primeiro romance; o perfume especial ou loção após barba, uma pessoa especial.

Alguma vez você já se lembrou de um acontecimento enquanto executava algo sem nenhuma relação? Isto pode deixá-lo intrigado, pois você não estava ciente do que disparara essa memória. Você podia estar trabalhando à sua mesa e de repente ter-se surpreendido sonhando com as férias. O que disparou isso? O barulho do avião voando lá em cima, do qual você nem mesmo tinha percebido? O som das turbinas do jato foi o gatilho que trouxe de volta a memória da viagem.

Isto levanta um outro ponto importante sobre os gatilhos: normalmente eles estão além da detecção da mente consciente. Foi a mente inconsciente que detectou o som do avião e automaticamente associou-o com as férias. É o aspecto inconsciente dos gatilhos que lhe dão o poder.

O fato de que é a mente inconsciente que lembra dos gatilhos permite aos grandes vendedores serem sutis e não insistentes ao vender. Quando um cliente está tendo uma sensação ou lembrança agradável, o vendedor marca-a para que possa evocar essa sensação ou lembrança positiva no cliente. Quando posteriormente o vendedor dispara o marcador, o cliente experimenta novamente a mesma sensação agradável. Pelo fato de isso ser feito através da mente inconsciente, a consciência do cliente não sabe o que está acontecendo e aceita isso muito bem. Tudo o que o cliente sabe é que ele se sente bem.

O processo de marcar os acontecimentos e as sensações funciona com todos. Faz parte do ser humano fazer conexões e associações entre coisas. No entanto, os gatilhos diferem no seu impacto sobre os clientes.

Para alguns, os marcadores visuais, como um acenar de cabeça, rolar o lápis entre os dedos, coçar as sobrancelhas, ou qualquer outro tipo de sugestão visual, dispara sensações e lembranças positivas.

Outros, evitam os marcadores visuais, especialmente com clientes que não enxergam bem. Não estamos falando da visão em si — eles podem ter uma visão 20-20 e mesmo assim não enxergarem bem. Você pode saber quem são eles: são pessoas que estão continuamente olhando para baixo, fecham seus olhos, ou sonham de olhos abertos. Parece que elas não percebem o que está acontecendo à sua volta. Se você tentasse usar marcadores visuais com elas, não teria muita eficácia. Para as pessoas que não enxergam bem, use marcadores auditivos (sons) ou marcadores de ação-sensação (toque).

Existem clientes que não querem ser tocados, embora estes sejam mais raros do que muitas pessoas pensam. A maioria dos seres humanos apreciam de fato um leve toque no braço ou no ombro e associam isso com amizade. Os profissionais de venda deveriam reexaminar as vantagens do uso destas poderosas formas não-verbais de comunicação. É fácil descobrir qual dos seus clientes não gosta de ser tocado. Este tipo de cliente fica em geral longe dos outros. Muitas vezes eles mantêm seus corpos numa posição rígida e parecem estar tensos. Ao apertar a mão, eles esticam o braço para manter a outra pessoa à distância. Tais sinais indicam que você não deve tocá-los, e sim usar os apoios visuais ou auditivos.

E, finalmente, evite usar marcadores auditivos (sons) com pessoas que não escutam bem. Se elas dizem constantemente "hã?" e lhe pedem para repetir o que falou, trata-se de um mau ouvinte. Use marcadores visuais e de sensação com este tipo de pessoa.

QUANDO FUNCIONA — QUANDO NÃO FUNCIONA

A melhor maneira de usar marcadores é também a maneira mais simples. Logo no começo da interação da venda, elicie algumas boas sensações ou lembranças no seu cliente. Peça-lhe para contar sobre o *hobby* ou esporte favorito. Quando você conseguir ver a expressão de prazer ou satisfação na sua face, você aplica os gatilhos. Você pode dizer num tom de voz especial: "Isso é ótimo." Ou então, você pode arregalar os olhos e acenar a cabeça para criar um marcador visual. Você pode também rolar um lápis entre os dedos. O número de marcadores à sua disposição fica limitado somente pela sua imaginação. O importante é aplicar um gatilho e evocar as sensações agradáveis no cliente. Ao usar novamente o gatilho mais tarde, o cliente irá experimentar as mesmas sensações e memórias desejadas e transferi-las no seu produto ou serviço.

Em resumo, acior e um ou dois gatilhos positivos logo no início da entrevista de vendas e dispare-os novamente, perto do fechamento para evocar mais uma vez aquelas boas sensações.

Em certas ocasiões você pode pegar os gatilhos negativos inconscientemente, talvez uma expressão facial que fez o seu cliente lembrar-se da maneira como seu pai olhava um pouco antes de estar pronto para explodir. Ou você pode batucar a sua caneta sobre a mesa de um modo que irrita o cliente. Aqui o batuque da caneta é um gatilho negativo. Talvez o seu professor da escola média fazia aquilo quando o detinha durante horas pela conduta inadequada. Quando você batuca a caneta o seu inconsciente se lembra de sentimentos antigos. Provavelmente, o cliente nem mesmo irá entender o porquê. Tudo que ele saberá é que não gosta de você.

O que você faria nesse caso? Em primeiro lugar, fique atento e aprenda a detectá-lo. Você não será capaz de fazer coisa alguma a não ser que note imediatamente quando estiver perdendo ou irritando seu cliente. Muitas vezes, ao vendedor comum falta a percepção até que seja tarde demais. Sem dúvida nenhuma, o cliente lançou vários sinais e avisos antes disso. Esforce-se para aumentar o diâmetro do seu radar e torne-se consciente daquilo que está acontecendo. No momento em que seu cliente comece a perder interesse, aplique a reprodução imediata. Você o ofendeu de alguma maneira? Você derrubou a sua concorrência? Você apenas começou a batucar com o lápis? Usou uma certa expressão facial? Esfregou as mãos de um certo modo? Usou uma certa palavra? Qualquer um destes itens acima pode ser um poderoso gatilho negativo. Se você usar uma palavra como "não confiável", seu cliente poderá pensar automaticamente num carro não confiável que lhe deu problemas. Ele irá sentir-se mal e algumas das sensações desagradáveis podem interferir na sua apreciação do produto ou serviço que você está tentando vender.

Visto que as palavras são gatilhos poderosos, esforce-se em usar somente as positivas. Existem muitas maneiras de dizer alguma coisa. Selecione a maneira positiva de dizê-las. Ao comparar o produto ou serviço de um concorrente com os seus, diga que os primeiros não são tão confiáveis quanto os seus e evite denominá-los de não confiáveis. Enfatize o positivo, que diz que o seu produto é de confiança. Não enfoque o aspecto negativo das pessoas ou coisas. Lembre-se, um soco é um auxílio, e você pode dizer mais sobre uma pessoa pelo modo de ela falar dos outros do que pelo que ela diz sobre si própria. Se um outro produto ou companhia não é do nível da sua, seu cliente irá se dar conta disto pela falta de afirmações positivas da sua parte. Você não precisa correr riscos sendo negativo. Pequenas coisas como estas podem fazer diferença ao determinar o quanto um cliente irá aceitar e confiar num vendedor.

Como é possível aumentar a sensibilidade do seu cliente? Um jeito simples é estudar que tipo de erros um mau vendedor comete. Em todo este livro enfocamos o estudo dos vendedores mais bem-sucedidos com a finalidade de aprendermos o que eles fazem e o que os outros não fazem. Agora temos um exemplo de quando observar como um vendedor pode ser comum. Eles têm uma habilidade especial: são peritos em disparar emoções negativas nos clientes com afirmações e condutas inadequadas. Note a sua falta de consciência e sensibilidade para com os outros. Observe a falta de flexibilidade. Perceba que eles não se ajustam a essas diferenças dos clientes. Note o seu alcance limitado. A que eles o fazem lembrar? Um lutador de boxe que não se ajusta ao estilo de seu adversário. Poderia um time de futebol ser o melhor da NFL * se nunca observou seus numerosos adversários? De jeito nenhum! Aumente sua sensibilidade para com o poder dos gatilhos, e aumente a sua habilidade para usá-los sistematicamente.

Uma das melhores maneiras de se usar os gatilhos é copiar os do cliente. Note o que ele faz quando se sente realmente bem ou quando pensa em algo que o faz sentir-se feliz. Será que ele coça o queixo, explode numa risada rápida e curta, vira os cantos da boca de um modo especial, ou respira e suspira profundamente? Quaisquer que sejam os seus gatilhos, armazene-os no seu banco de memória, pois são gatilhos positivos. Para o cliente, eles já possuem uma associação inconsciente com o fato de sentir-se bem. Deste modo, todo o seu trabalho já foi realizado. Você pode copiar os gatilhos positivos e usá-los você mesmo. O inconsciente do cliente formará a conexão quando você coçar o seu queixo ou sorrir de um certo modo. Os clientes estão constantemente fornecendo-lhe uma riqueza de informações sobre quem são eles e o que eles valorizam. Portanto, use tais informações. Visto que elas fazem parte da pessoa, tornam-se irresistíveis quando são repetidas para o cliente e ajudam você a realizar a venda.

---

* Sigla de National Football League (Confederação Norte-Americana de Futebol). (N. T.)

COMANDOS OCULTOS DE AÇÃO

Aspirina dentro da jujuba

Pela primeira vez, o pedido de uma certa associação pública pelo aumento de preços foi rejeitado pela Public Service Commission (Comissão de Serviço Público). A fim de manter um serviço de alta qualidade, eles precisavam de maior circulação de dinheiro, e precisavam logo. O jeito mais simples era conseguir vender mais. Eles decidiram-se por esse método fazendo os instaladores e o pessoal da manutenção da associação venderem equipamentos extras para os clientes para os quais trabalhavam. Fomos indicados para ajudar a aumentar as vendas. O início foi duro até que se tornou divertido vender. Os êxitos nas vendas eram freqüentes, os aborrecimentos dos clientes eram mínimos e o diálogo durante as vendas era breve e profissional.

Após testarmos uma variedade de métodos, descobrimos um que parecia ajustar-se a todos. Os instaladores e o pessoal da manutenção iriam perguntar ao cliente de improviso: "Suponhamos que você possa ter extensões extras em qualquer lugar da sua casa ou escritório. Neste caso, onde você as colocaria?"

As perguntas caíam como uma luva. A maioria dos clientes reagia de maneira favorável. Alguns deles ouviam também o seguinte: "Suponhamos que você possa ter qualquer um destes modelos. Qual deles você escolheria?" Os autores destes diálogos rápidos ajudaram a resolver o problema da circulação do dinheiro enquanto as vendas se multiplicavam.

No seu estilo costumeiro os nossos participantes rejeitaram no início esse tipo de abordagens de improviso. Mas com ou sem sorte, mesmo a pessoa mais apagada do grupo informava na segunda reunião que nunca deixara de vender com esse tipo de abordagem. Isso derrubou a barreira e eles estavam dispostos a ouvir.

Para convencer todo mundo, nós colocamos cada um deles no lugar do cliente e fizemos com que eles próprios experimentassem as perguntas. Imediatamente muitos modelaram suas próprias versões e fizeram um bom trabalho. O ato de vender tornou-se divertido, os êxitos eram freqüentes e as preocupações sobre perdas de tempo ou como enfrentar reações desagradáveis foram colocadas de lado. Funcionou!

O que fez com que essas perguntas fossem tão produtivas, além de inofensivas? Existem várias razões. Os clientes pareciam ficar animados quando pedíamos suas opiniões. Gostavam de pensar na melhoria da casa e dos escritórios. O "suponhamos" não era ameaçador, e o melhor de tudo é que o cliente praticamente ensinava ao instalador como vender para ele. Essas são razões importantes, porém uma pergunta ainda não foi respondida. Por que essa pergunta fascinou o cliente? Qual era o seu atrativo?

Na nossa inocente ignorância brincamos com um dinamite verbal. Os instaladores e o pessoal da manutenção estavam usando comandos de ação secreta e ninguém o percebeu. E antes que você nos culpe, permita-me sugerir que você também já deve ter usado, provavelmente, os comandos de ação secreta sem o saber. Tudo que sabia era que conseguiu o contrato com facilidade.

O termo *comando oculto de ação* soa como se fosse uma contradição, não é? Como você pode dar um comando a alguém sem que a pessoa saiba claramente do que se trata?

Um comando oculto de ação é uma sugestão poderosa que você pode colocar numa sentença de tal forma que não seja possível ser descoberto. É como se fosse uma vitamina coberta de chocolate. Ou uma aspirina coberta de jujuba que você dá ao seu cão. Ele lhe permite expressar um comando indiretamente, sem ofender a pessoa. Além disso, o seu impacto será parecido com uma ordem direta. É elegante e convincente, e também um instrumento de grande flexibilidade. Com ele, o virtuoso em vendas pode criar qualquer sugestão ou comando que precisar para a sua apresentação, do início ao fim.

Como você pode aplicá-lo com o seu cliente? No início você pode querer envolver seu cliente de modo mais ativo, para que ele pense sobre o seu programa de maneira positiva.

- "Os investidores de maior êxito *tomam decisões rapidamente, Steve*."
- "Muitos dos grandes supervisores *seguem uma lista básica, Mary*."
- "Somente os diretores profissionais *lêem este boletim, Gary*."
- "Um entalhador é apto a *reconhecer a singularidade deste desenho, Max*."

Para que haja impacto adicional, muitos grandes vendedores pronunciam o comando oculto de ação de modo diferente do resto da sentença. Quando eles começam a parte do comando, eles olham diretamente para o cliente e falam firme e deliberadamente. O efeito é potente. Seria aconselhável você seguir o exemplo deles.

Use comandos ocultos de ação no final, também:

- "*Pense apenas na diversão que ela terá com este brinquedo*."
- "Você pode *imaginar quantos negócios irá conseguir com este item?*"
- "Quando você *se decidir a pagar a diferença*, poderá morar num bairro melhor."
- "Você conseguirá comprá-lo, quando *começar a economizar cem dólares por mês*."
- "Com base nestes números você poderia *aumentar os seus investimentos*, Robert."
- "Não sei se você *comprará este seguro comigo*."

O que você pode fazer com clientes desconfiados? Ou com pessoas que não gostam que lhe digam coisa alguma? Ou com aqueles que são relutantes ou resistentes? Ou então com aqueles que gostam de delongas?

Os comandos ocultos de ação cuidarão muito bem destes problemas. Você não precisa pedir diretamente a um cliente para que reflita sobre o assunto ou que faça qualquer coisa. Você pode pedir indiretamente. Os grandes pensadores se distinguem na comunicação indireta. Eles fazem com que as pessoas mudem suas opiniões e saiam com um sorriso. Os comandos ocultos de ação não são descobertos, e portanto são resistentes. Eles funcionam porque são totalmente processados e impingem no inconsciente do cliente. Eles são os equivalentes verbais das imagens visuais subliminares, que são projetados numa tela por apenas algumas frações de segundo. Embora eles não sejam descobertos pela mente consciente, são assimilados e compreendidos pelo inconsciente, resultando num poderoso impacto nos sentimentos e pensamentos da pessoa.

Use o seu bom senso

Os comandos ocultos de ação funcionam com todas as pessoas. No entanto, dependendo da sua habilidade em vendas, você pode não querer usar esta técnica com todo mundo. Com clientes interessados e cooperadores não há necessidade de se usar os comandos de ação secreta. Falando de maneira franca e direta dá bons resultados. Para que usar um martelo para um percevejo?

Em raras ocasiões os clientes hostis, procurando razões para dar escape aos seus sentimentos, podem na verdade duvidar do comando de ação secreta. Por exemplo, um vendedor de remédios diz para um médico: "Muitos médicos *receitam Tagamet para os pacientes com úlceras.*" O médico sabe-tudo poderá desafiar com um: "Você está me dizendo que eu deveria receitar Tagamet?" O vendedor pode facilmente manipular a questão: "Isso, naturalmente, cabe ao seu julgamento profissional, doutor. Estou apenas dizendo-lhe o que muitos outros médicos estão fazendo no momento." Visto que as pessoas hostis e agressivas em geral enfocam em excesso a si próprios, o comando oculto de ação é um veículo excelente para se comunicar com elas, pois desvia o foco deles. Você ganha força falando sobre outras pessoas. Você faz sugestões de forma indireta e, como conseqüência, o inconsciente das pessoas será programado para assimilar a sua idéia. No exemplo precedente, embora o vendedor de remédios tenha dito: "Estou participando o que os outros médicos estão fazendo no momento", contudo, o inconsciente do médico fora fertilizado com a idéia. Lembre-se que a mente humana

137

é, em certos aspectos, como um gravador. Uma vez que a idéia fica gravada lá, ela permanece.

Ao aplicar os comandos ocultos de ação, a pergunta a ser feita não é tanto "Será que eles irão funcionar?", mas "Com que intensidade você quer que eles funcionem?" Por vezes seus clientes podem ser induzidos com uma pena. Nesses casos, fale da maneira habitual.

Se você quer que comandos ocultos de ação tenham efeito de máquina escavadora, saliente-os a fim de atrair mais a atenção inconsciente para eles. Pouco importa como você fala, contanto que você os pronuncie com nitidez. Você pode falar devagar ou rápido, mais alto ou sussurrar, ou até mesmo adotar um leve sotaque. O propósito é atrair mais atenção para eles. Evite, entretanto, os extremos, ou o cliente pode perceber o que você está fazendo e o efeito não será mais subconsciente. A prática trará a perfeição. Ouvimos falar de grandes vendedores que usam os comandos de ação secreta num tom de voz estranho e incomum sem alertar a atenção consciente do cliente. O impacto total é cheio de força.

Conte uma estória

Uma forma sofisticada de usar os comandos ocultos de ação é incluí-los numa estória de venda ou usar metáforas. Você pode criar uma personagem fictícia que diga algo que não pareça mentira. Por exemplo, você poderia falar sobre um vizinho que disse: "É muito importante fazer *um seguro no valor de cem mil dólares.*"

Os clientes adoram ouvir estórias. Eles deixam todas as suas defesas caírem e se preparam para se divertir.

Assim como acontece com todas as outras coisas, os comandos de ação secreta podem não funcionar quando são usados sem prática. O vendedor pode ser desajeitado e direto demais. Pratique esta técnica e você será de fato bem recompensado na sua vida pessoal e profissional. Se estiver em dúvida, lembre-se de que é preferível errar por ser indireto ou discreto em demasia do que ser direto demais ou óbvio. Você pode sempre mudar suas táticas mais tarde, se houver necessidade.

QUARTA PARTE

AS TÉCNICAS DOS SUPERVENDEDORES

13

A ÚLTIMA PALAVRA EM INSTRUMENTOS DE PERSUASÃO: ESTÓRIAS E METÁFORAS

Eu estava ausente quando a nossa classe do segundo grau aprendeu as metáforas. "A *metáfora* é uma figura de estilo", foi o que aprendi mais tarde. Quando você diz "cavalo de ferro" ao invés de "trem", ou "o tempo voa" ao invés de "o tempo passa", ou então "Castelo Forte é o Nosso Deus" no lugar de "estou seguro no Senhor" você está usando figuras de estilo. Quando o técnico de futebol John Madden diz: "O elevador deste sujeito não vai até o último andar" qualquer um que tenha o elevador que vá até o último andar compreende o que ele quer dizer. Quando as pessoas perguntam a Jim Sirbasku o que ele faz para viver, ele responde: "Sou um mineiro de chumbo." "Um mineiro de chumbo aqui no Texas?" — elas perguntam. "Não esse tipo de 'mineiro de chumbo'" — ele diz sorrindo. — "Eu retiro as chapas de chumbo que cobrem os telhados das casas." Essa é a figura de estilo de Jim para dizer que ele é um criador de motivação dos profissionais de vendas.

Nem todas as metáforas são semelhantes. Aquelas novas são como roupas novas, e as pessoas são capazes de perceber e sorrir, enquanto as velhas são um pouco gastas e não funcionarão com você.

Algumas estórias e metáforas mais notáveis citadas durante as vendas são criações de apresentadores e autores inspirados. Um dos motivadores disse: "A lógica recua rapidamente na mente do ouvinte para ser esquecida, enquanto a emoção expande como o Incrível Hulk e segura a imaginação."

— Prove isso — você pode dizer.

Mas que tal isto?

Quando centenas de pessoas perecem numa guerra, isso torna-se notícia de primeira página. Ninguém as conhece enquanto indivíduos, mas somente como um grupo de vítimas. Porém, deixe um garotinho cair numa mina abandonada, de onde o resgate seria quase impossível, e você teria todos os ingredientes para uma manchete. Antes de ele ser resgatado você saberia o nome da criança, quem são seus pais, amigos, cachorros e quais os seus brinquedos favoritos. Isto chama-se interesse humano. É um acontecimento carregado de emoção que toca profundamente a todos nós. Isso é apenas uma estória. Eis aqui uma outra, de conteúdo mais leve.

Chris estava na loja à procura de um processador de palavras. "Como se usa isto?" — perguntou ela ao vendedor de computadores.

Ele disse: "Apenas coloque o disco aqui no RAM, e o CPU faz o resto."

— Você está brincando — disse ela. — Agora, ninguém mais fala inglês?

— Você tem razão. Eu estava só brincando — ele respondeu. — Estava apenas citando o que está escrito em um dos nossos panfletos. Está vendo este disco? É como se fosse um disco na sua vitrola. Se você quer ouvir a Quinta Sinfonia de Beethoven, então tem que pegar o disco certo; se quer ouvir Elvis, tem que pegar um disco diferente. Ao invés de chamá-lo de disco, chame-o de instruções. Querendo um processador de palavras ou um pacote financeiro, você precisa de instruções corretas para o computador. Entendeu?

Agora ele estava começando a atingi-la. Ela havia comprado um conjunto estéreo antes, e podia fazer uma relação com o que ele estava dizendo. Ele fazia uma analogia. Muitos dos grandes vendedores tendem a expressar-se por meio de analogias, metáforas e estórias porque eles trazem o que é monótono e lugar-comum, o técnico e o complexo para dentro do limite natural da compreensão do cliente.

Os grandes profissionais de vendas sabem como dar vida a uma pessoa comum. Eles põem sapatos de couro em seus pés, emoção no abdome, um sorriso nos lábios, uma piscadela nos olhos e frases em seus lábios. Agora a pessoa comum foi transformada em uma personalidade com vida. Ela nos faz lembrar alguém que conhecemos e nos permite fazer uma relação com ela. Por exemplo, para dar inspiração a uma audiência, um apresentador procedeu da seguinte maneira.

— De um certo modo — disse ele — todos nós somos como rodas. Alguns de nós são rodas de um pequeno triciclo, outros são como rodas de carro, e poucos são como rodas de um enorme trator. Agora você percebe que uma roda pequena tem que girar com muito mais freqüência que uma roda grande, para cobrir a mesma distância. Eis por que muitos de nós queremos ser rodas grandes. Como é que uma roda pequena torna-se grande? Visualize uma roda com sete raios. O que acontece quando você aumenta o comprimento e a potência de cada raio? A roda torna-se maior. Agora um dos raios é para o desenvolvimento intelectual, o outro para o desenvolvimento da carreira, e o terceiro é para a saúde e o bem-estar físico, o quarto para o calor e a intimidade familiar, o quinto para o desenvolvimento espiritual e a conduta moral, o sexto para a recreação e diversão, e o sétimo raio é para a independência financeira e a paz de espírito ao aposentar-se. Esteja atento para manter os raios em equilíbrio, para que a roda fique bem arredondada. Você não quer descer uma rua com rodas que pulam, quer? Isto é uma metáfora.

Atualmente o nosso país está tomando parte de uma cruzada pela qualidade. E, além disso, uma porção de pessoas estão sensíveis em relação ao assunto, especialmente aqueles que não precisam competir com os japoneses ou alemães. A pergunta é: como você poderia vender qualidade a alguém, contanto que o banco ou o hospital que elas dirigem sobrevivam? Phil Crosby, o inventor do *Zero Defects Program* * e autor de *Quality Is Free* ** e *How to Get Your Own Sweet Way* *** fez sucesso ao pegar um assunto mundano e atrair a atenção imediata com afirmações, apresentadas aqui na forma abreviada: "A qualidade tem muita coisa em comum com o sexo. Todo mundo é a favor dele; todo mundo acha que entende do assunto; todo mundo acha que a sua execução é apenas uma questão de seguir as inclinações naturais. E todo mundo acha que todos os problemas são causados pelas outras pessoas."

Phil está dizendo uma verdade absoluta, mas o modo como ele a coloca — assemelhando-a ao sexo — torna-a não só divertida mas também digna de ser citada. Ele está usando uma figura de estilo. Típico de todos os grandes homens convincentes, em primeiro lugar ele chama a sua atenção, e depois faz com que você entenda plenamente o impacto do conceito sobre o Defeito Zero. Depois de chamar a sua atenção, ele quer vender a você a noção de que mesmo uma variável de 1 por cento na qualidade é algo inaceitável. Parafraseamos um exemplo: "Para fazer o clone com pessoas, retire o DNA de suas células para reproduzi-las. A diferença entre a fórmula do DNA para fazer um gorila e a de um ser humano é de apenas 1 por cento. Se a sua estrutura genética possui um nível de qualidade

---

* "Programa do Defeito Zero."
** "A Qualidade Não Custa Caro."
*** "Como Conseguir o Quer, da Maneira que Quer."

próximo a 1 por cento, você nunca saberá se conseguirá a reprodução de um gorila ou de Raquel Welch."

Novamente Phil trabalhou aqui com metáfora e estória. Foi Harold Green, o ex-chefe de Crosby e que cedo se convertera ao ITT, quem supostamente disse: "A qualidade é gratuita. E não somente gratuita, mas é a linha de produção mais rentável que temos." Que ótima metáfora!

Eis uma outra: um vendedor de seguros tentava neutralizar uma objeção por parte de um jovem cliente que queria comprar de uma empresa menor e mais personalizada. É como se fosse levar você e sua família numa longa viagem pelo Oceano Atlântico, sendo que você quer ir daqui até a Inglaterra, podendo escolher entre ir neste rebocador ou no *Queen Mary*. Em qual deles você se sentiria mais seguro? O cliente decidiu-se pelo Queen e acabou comprando.

As estórias e metáforas utilizadas nas vendas funcionam de quatro maneiras. Em primeiro lugar, elas chamam a atenção do cliente porque elas são como um filme, isto é, você está contando uma estória; você não está somente apresentando fatos.

Em segundo lugar, elas simplificam as coisas para o cliente. Mesmo as pessoas muito inteligentes gostam de simplicidade. Uma estória de vendas atinge o objetivo desejado.

Em terceiro lugar, atinge a emoção do cliente. Como você sabe, muitas pessoas basicamente compram por razões emocionais, e não por razões de lógicas. Uma boa estória de vendas pode disparar as emoções do orgulho de posse, segurança, amor, aventura ou qualquer outra coisa que seja positiva.

Finalmente, elas são memoráveis. Uma boa estória ficará na memória do cliente por muito tempo, mesmo que todas as outras coisas tenham sido esquecidas.

As metáforas, histórias, analogias e anedotas têm sido usadas no mundo inteiro por milhares de anos para influenciar as pessoas. Sócrates e Homero ensinavam por meio de histórias; Jesus falava por meio de parábolas; Abraão Lincoln e Ronald Reagan atingiram seus maiores objetivos usando metáforas e anedotas. A Faculdade de Administração de Empresas da Universidade de Harvard utiliza estórias de casos.

Para os vendedores, a eficácia depende do desenvolvimento rápido das sensações agradáveis no cliente. Estas podem influenciar o cliente sem a sua percepção consciente. Elas atingem os seus objetivos criando uma atmosfera confortável e raramente provoca resistência. E praticamente ninguém faz objeção à uma história adequada para a situação.

Você pode fazer com que uma personagem desempenhe aquilo que você não pode fazer diretamente enquanto vendedor. Você pode contar ao cliente a respeito de uma pessoa que está entusiasmada com o seu serviço.

A experiência de Gene Verity serve como um exemplo. Logo depois de colocar o seu sistema de administração de engenharia para funcionar, ele pedia a seu cliente, o Diretor-Presidente, para marcar uma entrevista para ele com seus novos clientes na indústria. Será que ele teve muitos problemas ao se aproximar do novo cliente? Não. Sempre que deparava com alguma relutância, ele simplesmente falava de quão contente estava a pessoa que o indicou com o novo material ou a economia de energia ou a redução da lentidão e do absentismo. Isso demonstraria confiança suficiente para superar qualquer hesitação da parte do cliente e teria como resultado uma nova indicação.

POR QUE ISSO FUNCIONA

Temos estado cientes há muito tempo do impacto e do uso das estórias e das metáforas. No entanto, até recentemente pouco se conhecia sobre a maneira como elas funcionam e como construí-las. Os trabalhos dos instrutores de vendas famosos como Tom Hopkins e Zig Ziglar usam de forma extensiva estórias, metáforas e exemplos. Isto é a coisa mais eficiente que eles fazem. As pessoas lembram-se de suas estórias, tanto quanto de suas técnicas.

As estórias e as metáforas estalam na mente dos seus interlocutores por causa da importância do relacionamento entre as personagens. Você pode fazer a mesma coisa com um conto sobre duendes e princesas, assim como entre homens e mulheres de negócios ou entre os membros de uma mesma família.

Charlie Salzman vendia detergentes industriais para grandes padarias da Pensilvânia há 30 anos. A compradora tinha um jeito de vovó, e ele contou-lhe a seguinte estória real:

— Sra. Wiedemeyer, a minha companhia está promovendo um concurso de vendas e o primeiro prêmio é um aparelho de TV. Eu mostrei o anúncio para a minha filhinha Maureen, e ela ficou toda animada. Ela disse: "Você vai ganhar um aparelho de TV, papai?" Então eu disse: "Você quer que eu ganhe um aparelho de TV para você, Maureen?" E a senhora deveria tê-la visto. Ela estava saltitante e me abraçava. E eu lhe disse: "Sim, acho que seu papai vai ganhar um aparelho de TV para você." Agora, eu não sei se vou ganhá-lo ou não, mas a pequena Maureen vai ganhar o seu aparelho de TV, a senhora pode apostar."

A sra. Wiedemeyer estava encantada e visivelmente comovida. Ela disse: "Sabe, temos uma netinha, e somos simplesmente loucos por ela. Vou propor-lhe uma coisa: mande-nos dez garrafas do seu *Kra-Z-Kleen* antes de o concurso terminar. Deste modo você poderia ganhar esse aparelho de TV para a pequena Maureen."

As pessoas pensam em termos de imagens mentais. É por isso que as metáforas e as estórias são eficazes. Elas atuam diretamente no processo mental humano, visto que a mente adapta-se a qualquer coisa que encontre. Quando você ouve a palavra *cão*, você se lembra de um cão específico — um vira-lata, um Collie, um Pastor Alemão ou um Poodle. Em qual deles você pensaria?

Da mesma maneira, você adapta uma estória ou metáfora relacionando-a automaticamente com a sua vida e experiência. Isso não custa nenhum esforço, pois a sua mente trabalha por você. Quando você ouve uma estória a respeito de um prêmio de vendas que alguém ganhou, você se lembra do seu; você se identifica com ele. A única maneira de entender a experiência de qualquer outro ser humano é relacioná-la com a sua experiência real ou desejada. As metáforas utilizadas em vendas funcionam bem porque elas o ajudam a visualizar e a realçar a experiência.

Quando o seu cliente ouve uma estória a respeito de um cliente feliz, ele se lembrará do momento em que foi tão gratificado com um produto qualquer. Tal lembrança é carregada com uma sensação positiva, e pelo fato de ser de natureza emocional ela se expande na consciência do cliente. As estórias e metáforas funcionam de maneira sistemática criando boas sensações no cliente. Contando estórias adequadas você pode fazer com que seus clientes respondam ao apelo emocional de suas escolhas. Isto os conduz da sensação de segurança para a alegria, *status*, felicidade, orgulho de posse, ou qualquer outra coisa. É um caminho divertido para vender com motivação, um caminho que os grandes vendedores utilizam para influenciar os clientes. Alguns dos vendedores que trabalham com eficiência realizam grande parte de suas vendas contando estórias, apresentando de forma espontânea um conhecimento relativamente pequeno do produto, porém conseguindo vender muito. Para os vendedores não acostumados com o poder das metáforas e das estórias, isto é uma revelação.

Eles acham que os clientes compram baseando-se no retorno do investimento, preço ou ofertas de concorrência — em outras palavras, baseando-se na lógica. Mas muitas vezes não é assim. Agora, mais do que nunca, os clientes compram por causa do valor, cujo preço é apenas uma parte da imagem total. Eis por que certas companhias enriquecem e seus concorrentes não.

Pense nisto: será que os contadores de estórias e os que fazem mágica com as metáforas não são apenas um pouco mais bem informados e um pouco mais realistas do que as pessoas em geral?

Eles sabem que as pessoas não compram baseadas na lógica ou fazem coisas lógicas. As pessoas são emocionais, e as estórias evocam sensações que conduzem a uma venda bem-sucedida. É simplesmente isso. As pessoas adoram estórias e metáforas. Seus clientes irão adorá-lo pelas suas estórias e irão comprar com você. Quando você e os outros competem pelo mesmo trabalho, sendo todas as outras coisas iguais, você fará a diferença — com as estórias adequadas.

Naturalmente, algumas estórias funcionam melhor do que outras; portanto, a pergunta é: qual funciona melhor com quem? Provavelmente isto seja o exercício mais vantajoso e agradável que você possa experimentar. Eis aqui algumas sugestões.

Ao inventar uma estória, certifique-se de que ela é pertinente para o seu interlocutor a fim de que ele possa se identificar facilmente com ela. Ajuste a linguagem e as imagens verbais para que tenham um apelo para o canal de comunicação — visual, auditivo ou de ação-sensação — do seu interlocutor. Sempre invente estórias simples, mesmo que a pessoa com quem fala seja bastante instruída. Ao contar uma piada, certifique-se de que a estória tenha uma mensagem e atinja os objetivos.

As pessoas adoram ouvir boas estórias, e elas as chamam de vários nomes: canção de ninar, lendas, mitos, fábulas, contos de fadas, novelas, enredo de filmes, ficção científica, romances modernos, peças de teatro, novelas de televisão, musicais e músicas líricas. Billy Joel, cantor e compositor popular, foi considerado cidadão honorário de Allentown, Pensilvânia, e foi-lhe entregue a chave da cidade por uma canção composta de 60 palavras, que é uma obra-prima do acompanhamento. Enquanto a letra é pronunciada, ela revela as coisas da maneira como elas são, e os 644 fãs o aplaudiram de pé pela letra e pela sua maneira de cantar.

Quando o seu cliente precisa certificar-se antes de tomar uma decisão, conte-lhe uma história dos três estadistas ou dos três empresários que iniciaram juntos um projeto de êxito. Ou então, se o seu cliente trabalha com um orçamento limitado, fale sobre uma família ou um jovem homem de negócios que, apesar do escasso capital, fez uma boa escolha. O presidente Ronald Regan contou estórias sobre como ele lidava, na época em que era governador da Califórnia, com problemas de orçamento. A mensagem era de que ele pretendia fazer o mesmo em Washington. A conclusão era que o problema anterior do orçamento no seu Estado natal era análogo ao atual problema de orçamento da nação.

Mesmo as melhores metáforas e estórias utilizadas durante a venda podem errar do alvo se não tiverem uma seqüência adequada. Uma estória pode ser ótima para prender a atenção do cliente, mas falhar no momento final. Uma estória pode ser exatamente como um bilhete para neutralizar uma objeção, mas não se qualifica para dar apoio a um produto ou uma característica.

Cada cliente passa por uma série de sentimentos antes de chegar à decisão de comprar. É como se fosse discar um número telefônico: você pode saber corretamente todos os dígitos, mas enquanto você não tocá-los na seqüência apropriada você não terá o número correto.

O mesmo acontece no ramo de vendas. Você sabia que certos clientes precisam sentir-se um pouco frustrados antes de comprarem? Isso é verdade. E outros precisam sentir-se curiosos, compreendidos, ou uma variedade de outras coisas. Você pode contar uma estória para criar um sentimento que deseje no cliente; pode até provocar tristeza ou raiva por meio de uma estória, se o desejar.

O segredo é contar a estória na seqüência adequada. Seu cliente pode precisar sentir-se curioso, o que é um sinal de interesse; ou então frustrado, sinal de tensão para ter uma necessidade satisfeita; ou senão satisfeito, sinal de que você ofereceu uma solução satisfatória — tudo isso antes de comprar. Você pode contar três estórias diferentes para ter acesso a cada um desses sentimentos na sua devida ordem. Isso é o que os grandes vendedores lutam para conseguir. Para os olhos de um leigo isto parece muito fácil. Tudo o que você precisa fazer é contar estórias, fazer os clientes rirem e se sentirem bem, e depressa — e em seguida, vender. Mas existe muito mais preparo nisso do que vêem os olhos. Os grandes vendedores são como decoradores de ambientes do lugar-comum. Seu produto ou serviço pode ser comum, mas por trás da linguagem colorida e estórias contadas com habilidades eles mostram uma aparência positiva e irresistível. Lembre-se de que as estórias podem ser contadas de várias maneiras. Mesmo aquelas da Bíblia foram simplificadas a ponto de uma criança de cinco anos de idade compreendê-las. Portanto, conte-as de modo que se ajuste ao seu cliente.

Finalmente, certifique-se de que o conteúdo de sua estória seja apropriado. Contar uma estória machista para uma mulher ou uma estória racista para um membro de um grupo minoritário demonstra mau gosto e mau julgamento. Isso não irá ajudá-lo a vender. E igualmente insensível é contar estórias sobre política da associação a um fazendeiro, a não ser que a sua companhia esteja no mesmo negócio. Portanto, limite o conteúdo da estória ao domínio do cliente. Lembre-se de que certos assuntos são do interesse de quase todo mundo, principalmente aqueles que tratam de boa comida, dinheiro, segurança, saúde, auto-estima e de sentir-se bem. Tópicos como o esporte, animais, interações humanas básicas, vida familiar, jardinagem ou viagem são bastante gerais a ponto de agradar a quase todas as pessoas.

Ben Feldman da *New York Life* é um caso à parte. Ele foi o primeiro vendedor de seguros de vida a quebrar a barreira de um milhão de dólares em renda anual. Ele tornou-se rico em parte porque redescobriu e aplicou de maneira inovadora um tópico de interesse extraordinário — dinheiro. Como ele conta, ele se aproxima do cliente com um "Eu quero falar com você sobre dinheiro", e falando assim ele abre um caderno luxuosamente encadernado. Na capa interna há uma janela que tem por trás uma cédula verdadeira de mil dólares. Interesse instantâneo. Um acompanhamento perfeito. — Isto aqui é verdadeiro? Posso tocá-la? — o cliente perguntava. Ben tirava-a e colocava-a nas mãos do cliente. Novamente, ele reconduziria a conversa para o campo do dinheiro, que ele havia começado com tanta realidade. Ele mencionava a sua importância para as pessoas que ele conheceu em circunstâncias similares às do cliente. Ele estava sendo pertinente, pois o cliente poderia se colocar na imagem que Ben havia fornecido.

Veja a si próprio como colecionador dessas preciosidades verbais. Eis aqui algumas sugestões. Ao inventar estórias, certifique-se de que elas relacionam-se com o cliente, para que ele se identifique facilmente com elas e com suas personagens. Ajuste a linguagem e as imagens verbais para que apelem para o seu canal de comunicação — visual, auditivo ou de ação-sensação. Sempre invente estórias simples, mesmo que o cliente seja bastante instruído. Finalmente, lembre ou crie estórias e metáforas para propósitos específicos, tais como desenvolver interesse, para evasivas e objeções, e para qualquer situação que você possa encontrar. Verifique o seu conteúdo emocional, para que você possa provocar no cliente o tipo de emoção desejado por você. Tenha sempre algumas estórias para todas as ocasiões de vendas. Você se enriquecerá de várias maneiras.

14

HUMOR, SURPRESA E CONFUSÃO: DIVIRTA-SE VENDENDO

AFIRMAÇÕES SURPREENDENTES

O humor, a surpresa e a confusão têm um denominador comum: eles surpreendem os clientes e muitas vezes fazem um trabalho melhor como quebradores de tensão e de jogo mental do que um uísque com água. Eles fazem as coisas saírem do ponto morto. Vamos ver alguns exemplos só por diversão.

Um homem faz uma visita ao *Phone Center Store* em Wichita e examina uma seção no *showroom* chamada *Phun Center*. Sorrindo, ele aproxima-se do balcão de vendas e diz: "Como eu posso ficar em paz com o meu senhorio? Eu moro num apartamento, e ele não quis me deixar ficar com o meu cão." Talvez ele pensasse que iria deixar a funcionária perplexa. Ao invés disso, ela disse: "Tenho exatamente o aparelho de que precisa." E ela lhe vendeu um telefone de Snoopy. Agora ele está perturbando o seu proprietário, dizendo-lhe que tem um cão novamente.

George Steinberger, vendedor de seguros de vida que quebrou todos os recordes e autor de *If You Don't Mind My Asking*, descreve 33 maneiras de neutralizar objeções. Quando um cliente diz: "Posso aplicar melhor o meu dinheiro num bem imóvel", ele pergunta: "Ah, quantos bens imóveis você está planejando comprar hoje, por 5 dólares por semana?" Isso é tão engraçado quanto surpreendente, e faz a entrevista dar meia volta.

Paul J. Meyer, mestre em motivação, quebrador de recordes de venda e fundador do *Success Motivation Inc.*, um certo dia contou-me a seguinte estória. Um conhecido seu era vendedor de Bíblias no Sul. Era um bom vendedor, mas havia uma objeção com a qual ele não conseguia lidar: "Irmão Jones, eu e a minha esposa tomaremos a decisão esta noite. Antes teremos de rezar e ver o que o Senhor diz sobre isso. O senhor me telefona amanhã?" Eis como um amigo de Paul lhe sugeriu: "Não há nenhuma necessidade de fazer isso, irmão Hillyard. Eu já falei com o Senhor, e ele disse que está tudo bem." Isso surpreendia tanto o cliente que ele fazia o pedido de imediato. Quem disse que vender não é um jogo emocional?

Quando jovem, um corretor fazia visitas de porta em porta, vendendo fundos mútuos. Suas entrevistas raramente levavam mais do que 15 minutos porque ele confundia seus clientes indo direto ao assunto: "Aqui você vê um mapa mostrando o desempenho do Fundo ABC no decorrer dos dez últimos anos. É impressionante, não é?" As pessoas concordavam. "O que aprendi é que mesmo que eu faça uma apresentação muito detalhada, a maioria das pessoas diz: "Deixe-me pensar sobre isso." "Então, por que não discutimos aquilo sobre o qual você está querendo pensar, tudo bem?" E o cliente concordava. "É o tamanho da empresa? É a administração do fundo? É sobre mim? Ou é sobre quanto você quer investir hoje?" Era tudo tão diferente, tão inesperado, que eles ficavam surpresos em reagirem de maneira positiva. Era uma maneira diferente de vender, isto é, com poucas palavras.

A seguinte estória apareceu em uma revista imobiliária há alguns anos. Um corretor falou ao executivo-chefe sobre uma associação e pediu-lhe uma decisão final. O executivo-chefe disse: "Eu não posso lhe dar uma resposta hoje." O corretor responde com um sorriso: "Sr. Zimmerman, eu poderia acreditar nisso, se não fosse o senhor que está sentado atrás dessa mesa de executivo. O senhor está acostumado a tomar decisões mais importantes do que esta o tempo todo." Surpreso, o executivo-chefe sentiu-se, contudo, elogiado e se rendeu prontamente com um "Está certo, vamos fazer isso." O corretor chamou isto de contradição lisonjeira.

Há alguns anos, um jovem engenheiro de vendas estava comercializando geradores de vapor para limpar o interior dos caminhões com tanques revestidos de resina. O vice-presidente de operações acareou-o, dizendo: "Nenhum de seus aparelhos são grandes o suficiente. Eles deveriam ter sua capacidade quatro vezes maior do que a atual."

— Quantos o senhor quer, se o preço for razoável? — perguntou o jovem engenheiro.

— Cerca de dois, talvez três, e o preço deveria ser 2.500 dólares cada.

O jovem engenheiro disse: "A esse preço, eu precisaria ao menos de uma encomenda de cinco aparelhos."

— Mas eu posso comprar somente três.

O vendedor disse: "Por que o senhor não telefona ao *XYZ Tanks Lines* e lhes diz para comprar dois? Eles são seus amigos. O senhor não tem nada a perder."

O vice-presidente estava surpreso e riu. Ele fez a ligação. Poucos minutos mais tarde, ele informou ao engenheiro de vendas igualmente surpreso: "Você acaba de vender cinco aparelhos."

Um vendedor de equipamentos hospitalares possuía apenas um produto: um aparelho de ultra-som que era a última novidade no mercado. Ele conseguiu fazer com que o administrador o apresentasse à enfermeira-chefe do departamento, e então iniciou a sua demonstração. Logo a enfermeira-chefe perguntou: "Quantos aparelhos destes você já vendeu?"

— Pessoalmente, não vendi nenhum.

— O quê? Você está dizendo que nós devemos ser os primeiros?

— Ah, não! Sabe, eu aprendi que vocês mulheres são muito mais hábeis para vender aquilo que vocês querem à administração do que eu. Agora, se você quer saber como ele funciona, eu a ajudarei a vendê-lo. Serei seu assistente. Portanto, penso que cabe a você vender.

Esta manobra surpreendente funcionou muito bem, certamente melhor do que se ele tivesse tentado carregar o peso da venda sozinho.

Um hospital universitário comprava regularmente produtos descartáveis de George Haber. Quando ele ficou mais experiente, tentou vender produtos mais rentáveis, porém disseram-lhe para se contentar com o que estava vendendo. Certo dia, George surpreendeu os funcionários do hospital mostrando-lhes uma mesa cirúrgica sobre rodas. Ele a instalou, e a enfermeira-chefe empurrou a mesa de um lado para o outro. Ela adorou o modelo e a maneabilidade. "George — disse ela —, será que isto vai passar por nossas portas?"

— Quantas você iria querer se ela passasse? — perguntou George, surpreendendo a enfermeira-chefe e a si próprio com a sua pergunta.

— Quatro — disse ela.

— Você acaba de comprar quatro — disse George, enquanto empurrava a mesa através da porta. "Esse foi o dia — explicou ele posteriormente — em que me tornei vendedor."

O humor, a surpresa e a confusão são maneiras de se modificar o estado de espírito do ambiente onde se quer vender. Há momentos em que nenhuma quantidade de informação a respeito do produto prepara a mente do cliente para comprar. É onde entram em cena o humor, a surpresa e a confusão.

Eles funcionam modificando as emoções e as perspectivas do cliente. O humor funciona criando sensações agradáveis, emoções positivas e uma atmosfera mais leve. A surpresa e a confusão funcionam dando sinais ao cliente de que ele ainda não consegue apreender a situação. O cliente sente que ele precisa de mais informações a fim de restabelecer o seu equilíbrio. O humor, por criar emoções positivas, aproxima o cliente do vendedor. Ele ajuda a criar *rapport* e confiança e abre as portas para uma atitude mútua mais favorável. Ele permite que o cliente fique ma's despreocupado, menos tenso, mais relaxado e mais congenial. Qualquer que seja ela, uma experiência nova, e levemente surpreendente, lança c cliente para longe da conduta mental cheia de temor e de tensão. O humor em si contém a surpresa ou uma leve confusão.

A surpresa e a confusão mostram ao cliente que ele não está controlando a situação tanto quanto desejava. As pessoas muito rígidas sabem como ignorar as novas informações que lhes são apresentadas de maneira direta. O problema é como quebrar esse jogo mental. A surpresa e a confusão acabam com o problema. Visto que o cliente encontra-se num estado de incerteza, ele torna-se altamente receptivo. Agora você criou um clima onde você pode suprir o cliente com o que ele precisa saber, a fim de comprar.

O humor, a surpresa e a confusão são formas de um tratamento moderado de choque, naturalmente. Observe a sua voltagem, pois, eficazes como são, devem ser usados com moderação em termos dos valores e crenças do seu cliente.

Todos nós sabemos pelas experiências práticas e estudos psicológicos que os seres humanos compram mais pela emoção do que pela razão. Isto é verdadeiro até mesmo para o estrato altamente instruído da nossa população. Desde que suas emoções correm na direção certa, eles irão com maior prontidão tomar uma decisão para comprar. De fato, a maioria de nós compra por razões emocionais, e posteriormente torna-se lógico por ter feito isso. Isto se chama racionalização. O humor, a surpresa e a confusão são meios para atingir e influenciar as emoções das pessoas.

Como será que o humor funciona nas vendas? As pessoas gostam de humor. Pense em quanto dinheiro pagamos pelo humor. Algumas das pessoas mais bem pagas do mundo são aqueles que conseguem fazer-nos rir. Bob Hope, Johnny Carson, Bob Newhart e outros tornaram-se milionários como resultado de suas habilidades para nos divertir. O humor ajuda-nos a esquecer a monotonia do nosso cotidiano. Ele nos dá novas perspectivas, e o bom humor é como se trouxesse a luz do sol em nossas vidas, e é um sistema automático de acompanhamento de duas pessoas rindo e compartilhando a sua característica de humanidade um com o outro. A maioria dos jornais públicos não poderia sobreviver sem as tiras cômicas. As pessoas que conseguem produzir e usar o humor são gratificadas, e isso é verdadeiro em vendas assim como em qualquer outro aspecto da vida. Os clientes aceitam bem um pouco de riso e humor, porque é muito provável que eles já tenham recalcado bastante as suas emoções durante o dia inteiro. Elas estão acostumadas a controlar a tensão, a pressão e as situações difíceis. No entanto, a risada acaba com tudo isso. Elas não estão acostumadas a controlar a risada e têm poucas defesas — se é que têm — contra ela.

Uma outra razão de usar o humor, a surpresa e a confusão é que eles prendem a atenção do cliente. Durante a parte inicial da entrevista de vendas, uma administradora de fábrica ficou absorta com seus próprios pensamentos. Depois de esperar um pouco, o vendedor lhe perguntou: "Diga-me, Linda, por que será que é tão fácil conversar com administradores de fábricas?" Ela sorriu ironicamente, prestou atenção e comprou. Ela ficou surpresa e gostou da destreza do vendedor.

Os clientes gostam de boas surpresas. As audiências gostam de convidados-surpresa. Os patrocinadores mostram atrações especiais. Isso é excitante. Isso faz com que as pessoas prestem atenção e passem pelas catracas. Quantas vezes você já ouviu falar de alguém que construiu uma ratoeira melhor e mais nenhum rato passou por suas portas? Para fazer com que as pessoas comprem, você tem que fazer com que elas ouçam. E para fazê-las ouvir, você tem que chamar sua atenção. Os grandes promotores de antigamente e de agora — Bill Barnum, Mike Todd, Bill Veek e Don Canham — não tinham um produto melhor, nem esperavam pelo Papai Noel. Mas sabiam como atrair a atenção. Eis aqui uma notícia recente do mundo dos esportes.

O estádio da Universidade de Michigan tem uma capacidade para cerca de 106.000 espectadores. O time de futebol não estava lá, mas Don Canham, o diretor esportivo, quis proporcionar uma tarde divertida aos fãs. Então ele contratou o *Slippery Rock College* da Pensilvânia para jogarem no estádio. Até aquele momento, a maioria dos habitantes de Michigan provavelmente já tinha ouvido o nome *Slippery Rock*, mas pensavam que era uma brincadeira. Eles se surpreenderam. Não era apenas uma boa escola, mas também jogavam um bom futebol. Quantos espectadores você acha que foram só por curiosidade? Sessenta e cinco mil!

Você se lembra do "dançar como borboleta e picar como abelha" de Mohammed Ali? Lembra-se de sua poesia? Certa época

154

seu rosto era o mais reconhecido do mundo e era o maior astro do boxe. E lembra-se das excentricidades de Mark "o Pássaro" Fidrich? Ambos eram chamadores de atenção.

Pense na última vez em que um cliente interrompeu-o de repente enquanto você estava vendendo. O que você poderia fazer na próxima vez? Procure usar senso de humor para acalmar a tensão, surpresa para mudar de foco, ou confusão para fazer o cliente querer saber mais. O humor, a surpresa e a confusão podem não levá-lo diretamente à meta, porém uma coisa é certa: você não vai ficar mais sem saber o que fazer. Você terá algo novo para trabalhar. Os vendedores de sucesso são flexíveis e levam vantagem com a surpresa, pois chamam a atenção.

Pelo fato de a surpresa e a confusão criarem uma necessidade de novas entradas, é como se elas tivessem sido feitas por encomenda para aqueles que não lhes dariam atenção de outra maneira. Quando vendedores concorrentes usam a mesma linguagem e as mesmas idéias, os clientes ficam com a sensação de que, por alguma razão, viram o mesmo filme duas vezes. Quando você usa a surpresa ou a confusão, você se torna diferente e será lembrado pelos clientes.

Um vendedor de seguros de vida extremamente bem-sucedido da Costa Oeste começa a sua visita dizendo: "O seguro de vida é um investimento terrível." O cliente fica perplexo, pois não é o que ele esperava. Em primeiro lugar, isso é uma abertura com uma frase sensacional, pois o vendedor recebe atenção de imediato. Em segundo lugar, o cliente pergunta por que será que uma pessoa sã de espírito faria uma afirmação daquelas. Em terceiro lugar, parece que isso lhe assegura que não será um encontro tenso. Em quarto lugar, estando mais relaxado agora, o cliente fica mais receptivo àquilo que o vendedor tem a dizer. E, por último, no final da entrevista, o cliente sente que está fazendo uma boa escolha seguindo as recomendações do vendedor. Portanto assina o seu nome no requerimento e preenche um cheque.

TÉCNICAS DE VENDAS NEGATIVAS

No passado, os especialistas em treinamento de vendas tomaram cuidado em não ensinar técnicas de venda negativa, pois uma vez nas mãos de certos neófitos ou de vendedores com baixa auto-estima poderiam não dar certo. Você precisaria de um certo tipo de frieza, como aquela do toureiro que crava a espada nas costas do animal.

Meu vizinho Les Johnson tinha uma carreira bem-sucedida na área financeira. Seus ganhos durante os primeiros cinco anos tinham se quadruplicado, e isso era visível no tipo de vida que levava. Eu lhe descrevi uma abordagem para que desenvolvesse uma forma de pensar e de se comportar para o sucesso, mas ele deu pouca atenção ao que eu estava dizendo. Eu não conseguia me comunicar bem com ele. O que fazer, então? A técnica de venda negativa poderia ajudar. "Naturalmente, Les, você não precisa de um programa como esse. Você já é muito bem-sucedido."

Ele ficou surpreso. "Você quer dizer que eu não preciso disso? Talvez eu esteja querendo ser muito mais bem-sucedido do que você pensa. Agora, fale-me sobre isso novamente. Talvez eu queira experimentar." E o fez.

Provavelmente você está familiarizado com esta versão da venda negativa. Digamos que um construtor de piscinas foi indicado a você por seu vizinho. Após uma vistoria da área, ele lhe diz o seguinte: "Chester, por enquanto a área em questão não apresenta nenhum problema. O problema é o modelo e o preço da piscina. Os seus vizinhos do outro lado da rua escolheram o modelo de luxo, mas disseram que este modelo talvez esteja fora de suas possibilidades. Eles acharam que o modelo econômico poderia ser interessante, e custa 8.200 dólares. Temos também o modelo intermediário por 10.500 dólares."

Enquanto isso, você pensa calmamente e diz: "Quanto você disse que custava o modelo de luxo?"

— Ah, sim. Custa 12.800 dólares.

— Está bem. Pode construir uma. (Um recado para o vizinho: Eu lhe mostrarei quem é que não tem recursos!)

Uma outra técnica baseada na surpresa e na confusão é a venda negativa, ou venda invertida, que chama atenção de imediato. Eis aqui três exemplos:

— Por que você gostaria de ser melhor bem-sucedido, ainda? Você já está no topo — surpreendeu e perturbou Les Johnson.

— Não tem sentido mostrar-lhe uma piscina de luxo. De qualquer maneira, você não teria recursos — perturbou o cliente interessado na piscina.

— Talvez você não esteja querendo uma casa, e uma vizinhança deste tipo. Eles são bem extravagantes — é um pouco desanimador ouvir isso. Será que o vendedor está querendo dizer que eu não estou à altura?

Na cabeça de muitos clientes e vendedores, cada um tem um papel específico a desempenhar no jogo de vendas. O vendedor é o advogado; o cliente é o juiz e o júri. O vendedor é assertivo, até mesmo agressivo; o cliente é reservado e julgador. O vendedor faz a corte; o cliente é cortejado. A venda negativa implica a mudança de papéis. O vendedor desafia o cliente: "Dada a sua situação, por que você gostaria de ter aquilo que eu tenho a oferecer?" O cliente responde: "Eu lhe digo por quê." Isso não é surpreendente? Não é ótimo? Quando o cliente lhe dá suas razões para comprar o seu produto, isso é muito mais poderoso do que quando você chega com suas razões.

SURPRESA

Muitas vezes a sinceridade e a honestidade podem surpreender o cliente, principalmente quando o vendedor arrisca-se a parecer vulnerável. Eis algumas ilustrações.

Dave Sandler ensina um método que parece arriscado mas não é. Eis uma paráfrase: "Baseado no que discutimos, parece que você tem algum interesse naquilo que estamos falando. Deixe-me fazer-lhe uma pergunta. Numa escala de 0 a 10, o 0 significando nenhum interesse e 10 significando que você está pronto para usá-lo, onde você se coloca, no momento? Essa é uma nova experiência para o cliente, que está avaliando a apresentação de venda, fornecendo assim uma valiosa informação para o vendedor.

Aqui, uma outra abordagem: "Ao discutirmos este serviço, gostaria que você me fizesse um favor. Eu solicito um *feedback* da sua parte. Assim poderei fazer um trabalho melhor para você e nos permite economizar tempo. Portanto, deixe-me perguntar: se você estivesse no meu lugar, como você venderia este produto?" O cliente fica surpreso e em geral aprecia o envolvimento.

Gerhard Gschwandtner, editor da *Personal Selling Magazine*, fala sobre um vendedor alemão que inicia uma entrevista com um um novo cliente dizendo: "Bem, você já está pronto para comprar?" Você pode imaginar como isto pega o cliente de surpresa. Eles ficam querendo saber o que esse vendedor maluco dirá em seguida, e eles ouvem cuidadosamente palavra por palavra. Além disso, a maneira como ele diz é muito importante. Ele o faz com um sorriso e com um pouco de travessura. Como você pode evitar um homem desses? Indiretamente, ele está dizendo: "Sou autoconfiante. Tenho orgulho do meu produto. Não tenho medo de pedir encomendas."

Neste capítulo, o texto e os exemplos mostram como o humor, a surpresa e a confusão ajudam-no a ser mais flexível e bem-sucedido. Dentre todas as técnicas apresentadas neste livro, o humor, a surpresa e a confusão são os que devem ser usados com mais cuidado. Como todos os instrumentos eficazes, eles podem ser úteis ou perigosos, dependendo do nível de habilidade daquele que os utiliza.

Ao lidar com clientes desagradáveis, sem senso de humor ou inflexíveis, esteja atento com a sua maneira de usar o humor, a surpresa e a confusão. Use-os somente como último recurso, para levantar o ânimo, e para criar uma necessidade de novas informações ou para quebrar a monotonia. Podem dar também uma nova perspectiva ao cliente. Este deve ser capaz de ver você sob um novo prisma. Não deixe que o cliente sério e inflexível demais saia do seu *showroom* ou do seu escritório sem antes experimentar o humor, a surpresa e a confusão. Muitos clientes conseguem controlar a pressão, mas se você os faz rir, isso pode deixá-los mais à vontade.

De maneira similar, venda aos clientes muito lógicos usando o acompanhamento da lógica, do raciocínio e das informações a respeito do produto. Venda-lhes com aquilo que eles fazem e na maneira como eles pensam. Se isso falhar, você pode, então, mudar para o humor, a surpresa e a confusão, e terá uma nova perspectiva no seu relacionamento.

Se um cliente acabou de sofrer um recesso ou uma tragédia, faça o acompanhamento do seu estado de espírito e seja sensível com seu estado de humor, surpresa e confusão. Tais pessoas estão já confusas, e não há nenhuma necessidade em acrescentar mais confusão. Muitas vezes tais pessoas são marcadamente abertas para novas entradas, principalmente quando você oferece soluções para seus problemas.

O humor pode ser especialmente delicado. Ao encontrar-se pela primeira vez com as pessoas, seria sensato evitá-lo. Posteriormente, use-o com reserva e saiba com quem estiver falando. Os comediantes nem sempre são levados a sério, e o gosto nas piadas varia. Uma terceira razão é que, com freqüência, as piadas rebaixam as pessoas. E por último, contar piadas pode forçá-lo a divertir em vez de vender. Quando você for usar humor de fato, certifique-se de que o cliente irá apreciar e que isso serve para algum propósito.

Um apresentador bem conhecido fez um discurso na assembléia anual de sua companhia. Contando uma série de piadas entre cada questão importante, ele foi ficando cada vez mais picante e as risadas aumentaram. No final, ele soltou uma bomba de arrasar o quarteirão. A audiência masculina estava adorando cada minuto de seu desempenho. Mas a administração não estava nada contente. A bomba--arrasa-quarteirão colocou em perigo os futuros compromissos do apresentador.

O humor, a surpresa e a confusão funcionam melhor quando forem apresentados dentro de um limite certo de tempo, de maneira sincera, e de tal modo que vá ao encontro das necessidades de cada cliente em particular. Não faça nada que deixe margens de dúvidas.

Quando o cliente levanta as sobrancelhas, isto pode significar também uma contra-explosão. Eis aqui dois exemplos.

Há alguns anos, eu estava estudando os grandes vendedores de seguros de vida e os efeitos dos automóveis de prestígio e roupas feitas sob encomendas como projetores de suas imagens plenas de êxitos. Eu havia marcado um encontro com o vendedor de seguros de vida mais bem-sucedido da região, e ele me visitaria às 10 horas da manhã. Pensei que sabia mais ou menos o que esperar. Um minuto ou dois antes das 10 horas, eu escutei um carro entrando na minha entrada de carros e brecando com força. Um homem pulou de um carro esporte de vinte mil dólares e logo bateu à porta. Fiquei pasmado. Eu o deixei entrar, e ele se apresentou. Ele vestia um terno feito à mão de seda natural de mil dólares, de corte elegante, embora conservador, e usava um relógio Rolex de quatro mil dólares.

Tendo estudado sobre os grandes vendedores durante alguns anos, devo admitir que ele não estava dentro do modelo. Eu me vi um tanto quanto confuso. Eu precisei de informações para compreender o novo encontro. "Como ele poderia ser tão famoso? Qual é o seu segredo? Ele deve ser o melhor vendedor de seguros da redondeza. Ele deve conhecer de fato o seu negócio. É melhor que eu faça o meu seguro com ele."

Sem dizer uma palavra, o homem arrebatou a minha atenção. Ele controlou a situação. Naturalmente, isto poderia não funcionar com todo mundo. O vendedor não fez uma referência sequer ao seu carro, roupas ou relógio. E certamente, nem todo mundo f ca impressionado com isto. Contudo, aqueles que são conscientes de roupas finas e outros símbolos de poder, não conseguiriam deixar de serem dominados pela imagem total. E isso seria eficaz.

O outro exemplo está relacionado com Dummy Mahan, o lutador que era surdo. Na década de 20 ele disputava o título mundial dos pesos meio-médios contra o campeão Mushy Callahan. As pessoas que vendiam entradas enfrentavam dificuldades para atrair a atenção para a luta. Elas precisavam fazer algo para vender mais entradas.

Elas ouviram de uma conceituada autoridade médica que se Dummy Mahan fosse lançado de pára-quedas a uma longa distância iria recuperar a audição. Aparentemente, já acontecera antes que deficientes auditivos haviam recuperado a audição quando um grande volume de ar passara por seus ouvidos. E assim, para atrair mais atenção para a luta, os vendedores de entradas decidiram jogar Dummy Mahan de um avião e tirar fotografias dessa surpreendente cura da surdez.

Isso poderia ser uma técnica satisfatória e surpreendente para chamar atenção, se o pára-quedas tivesse aberto. Dummy Mahan iniciou a carreira surdo e encerrou-a morto.

159

A moral dessa estória verdadeira é que, embora surpresa e confusão sejam técnicas valiosas de chamar atenção, jamais você deve fazer algo que seja perigoso. Pode ser perfeito correr até os negócios de um cliente num carro caro e raro, mas não há necessidade de fazer algo que poria em risco a sua própria saúde ou o bem-estar ou de qualquer outra pessoa.

Não seja esmagado pelas complexidades do uso do humor, surpresa e confusão. Não diga a si próprio que não vale a pena aprender como usá-los. Você descobrirá que existe uma variedade de maneiras s'mples e eficazes de incorporar o humor, a surpresa e a confusão no seu repertório da prática de vendas. Visto que eles atingem diretamente a emoção humana, eles são algumas das técnicas com maior poder de influência que existe. Embora você não os utilize em todas as visitas de venda que faz, quando precisar deles não há nada melhor que possa substituí-los. E se não desenvolver algumas habilidades em usar o humor, a surpresa e a confusão, você corre o risco de ficar preso na monotonia e limitando em grande parte o seu sucesso como profissional de vendas.

15

DILUINDO AS MAIS FORTES OBJEÇÕES

O ÊXITO DE CHARLIE CONTRA TODAS AS EXPECTATIVAS

Lia-se no anúncio do *Philadelphia Inquirer*: "Precisa-se de técnicos representantes de vendas para *AAA-1 Company*. Experiência mínima em vendas de três a quatro anos. Formação universitária em química ou engenharia química. Favor entrar em contato com..."

Sentado em sua sala, o vice-presidente da divisão, já tendo entrevistado vários possíveis candidatos, está agora olhando para Charlie, um homem de 32 anos de idade, descontraído e de aparência agradável.

Após uma conversa inicial para quebrar o gelo, o vice-presidente faz a seguinte observação: "No *curriculum* você não menciona em que faculdade se formou, Charlie."

— Eu não posso — diz Charlie. — Eu não cursei a faculdade.

— Não compreendo — diz o vice-presidente. — O nosso anúncio não está especificando que o candidato deve ter formação universitária em química ou engenharia química?

— Está — disse Charlie com calma —, e compreendo por que um diploma em química possa ajudar a vender os seus produtos. Provavelmente o senhor está me perguntando por que estou pedindo este emprego, embora, a princípio, eu não pareça ser qualificado. Certo?

— Certo, Charlie. É isso que estou perguntando.

— Trabalho numa grande fábrica de doces. Meu trabalho é vender bombons de chocolate com cerejas para repartições e varejistas. Ao longo dos últimos três anos tenho sido o melhor vendedor da região de Atlantic. Alguns dos clientes que me conhecem melhor dizem que eu tenho alguma coisa que não se aprende nas faculdades.

— E o que é isso?

— Bom senso e paciência, senhor. Atualmente muitos universitários são impacientes demais. Eles têm pressa em chegar a algum lugar. Mas eu tenho paciência. É por isso que eu consigo novos clientes e conservo os velhos.

O vice-presidente acena a cabeça como se concordasse. Ele gosta daquilo que está ouvindo e vendo. Não obstante, ele está decidido a continuar com o requisito do anúncio, e logo leva Charlie até à porta.

Alcançando o corredor, Charlie foi calmamente até o telefone público mais próximo e ligou para a sala do vice-presidente.

— Quem fala é Charlie — ele disse. — Estou aqui embaixo. Queria agradecer-lhe pela entrevista e informar-lhe que sou o sujeito que tem paciência, que adora pessoas e que adora vender. Que tal dar uma oportunidade à paciência e ao bom senso?

De certa forma, Charlie provoca um impacto no vice-presidente.

— Por Deus, Charlie — é o que ouve a si próprio dizendo. — Eu acredito em você. Você me convenceu. Pegue o próximo elevador e venha ver-me antes que eu mude de idéia.

Foi o início de uma carreira maravilhosa para Charlie. Depois de um ano ele se distancia de todos os outros companheiros de vendas por uma ampla margem de diferença, dobrando, algumas vezes, o volume de vendas do vendedor logo abaixo dele. O que há com Charlie que convenceu o vice-presidente a retirar as exigências fixadas para o emprego? Charlie lhe dá literalmente uma prova de suas habilidades em vendas. Ele não faz alarde, ele prova:

* Demonstrando uma coragem calma ao concorrer por um emprego ao qual ele não é qualificado (desejo de vencer).
* Demonstrando as suas habilidades inovadoras ao mudar o enfoque da importância da formação em química para o da importância do desempenho anterior, paciência e amor pelas pessoas.
* Colocando sua autoconfiança em evidência, chamando de volta o vice-presidente minutos após a rejeição (perseverança).
* Dando uma demonstração de sua habilidade para com as pessoas controlando uma situação complicada com destreza e estilo. Ele mantém uma atitude moderada. Ele dirige o pensamento do vice-presidente para áreas que não foram consideradas anteriormente. Ele nunca desafia as exigências do emprego ou faz perguntas embaraçosas. Ele nunca se defende com palavras, nem é dominado por elas.

Em outras palavras, Charlie tem um magnífico desempenho de judô mental.

O QUE É JUDÔ MENTAL

O *judô mental* é uma técnica para desarmar ou redirecionar a força do oponente sem demonstrar resistência. É análoga ao judô, a arte marcial moderada de autodefesa, que permite a alguém defender-se sem machucar o oponente. É uma maneira rápida de lidar com evasivas e objeções. Como no judô, o oponente menor — no caso, o representante de vendas — ajuda o oponente maior — o comprador — a se deixar vencer com a força de seu próprio peso.

Ao ser encarado por uma força oposta, seja física ou mental, você tem três escolhas: a luta, a fuga ou o judô mental. A luta é "quando você me empurra, e eu o empurro de volta". A fuga é "quando você me empurra, eu corro para longe de você". O judô mental é "quando você me empurra, eu uso a sua energia para dirigi-lo para soluções melhores".

Suponhamos que o seu cliente diga: "Temos trabalhado com seu concorrente durante vários anos, e eles têm-nos ajudado nos momentos difíceis. Acreditamos em lealdade. É por isso que continuaremos a trabalhar com eles."

Usando as técnicas do judô mental, você responde: "Eu concordo plenamente. Sempre acreditei e continuo a acreditar na lealdade. E acho maravilhoso quando você trata assim os seus fornecedores. Algum dia espero receber de vocês o mesmo tipo de lealdade. (Acompanhamento e apoio.) E agora, como estamos falando em lealdade, vocês não concordam que a lealdade para com um vendedor é ótimo, mas a lealdade para com a sua empresa é ainda melhor? Então, suponhamos que pudéssemos demonstrar um método que iria elevar de maneira significativa a qualidade do seu produto final e reduzir o seu custo. Vocês não concordam que a lealdade maior para com a sua companhia vem em primeiro lugar?"

A beleza do judô mental está no fato de que faz ambas as partes se sentirem vencedoras, conservando a harmonia no relacionamento, fortalecendo os sentimentos agradáveis, e, finalmente, redirecionando o comprador para opções novas e melhores, tudo isso numa atmosfera livre de aborrecimentos. No entanto, o vendedor está sendo honesto no serviço e mantém controle do clima emocional.

QUANDO MUDAR O ENFOQUE

Os 400 representantes de vendas e serviços da multinacional *V Corporation* têm contas de seus clientes cadastrados anualmente que variam de alguns milhares a um milhão de dólares. Quando eles fazem as visitas iniciais, alguns agentes de compras lhes informam de que talvez se passem muitos anos antes que recebam um primeiro pedido. Os vendedores industriais que querem construir um relacionamento de longa duração evitam comparações e vendem uma política de risco. Um agente de compras informou: "Tenha paciência. Poderia levar três ou quatro anos. Seu concorrente teve que esperar esse tempo todo para conseguir a sua vez, mas continue visitando e mantenha-nos informados."

Eis como o judô mental pode economizar anos. Você diz: "Não há problema nenhum. Grato por me terem deixado saber o que posso esperar. Isso facilita e ajuda a programar o meu tempo. Fico agradecido. Agora deixe-me fazer alguma coisa por você em troca. (Acompanhamento e apoio.) Suponhamos que eu possa ajudá-lo a economizar 60 mil dólares por ano em uma de suas operações — e eu tenho uma específica em mente. — Minha pergunta é: quanto tempo você gostaria de esperar? Isso significaria por ano 60 mil dólares, dois anos 120 mil dólares e três anos 180 mil dólares. O que você acha?"

A agente de compras, agora curiosa, pede mais detalhes, até que ela possa acreditar que a afirmação do representante de vendas tenha seu mérito. Ela marca um teste de pilotagem com os seus engenheiros de processamento, e este é o primeiro passo para se conseguir o pedido.

Novamente, há dois vencedores: a cliente e o representante de vendas. Ambos economizam dinheiro e tempo. Ambos fortalecem o relacionamento para negócios, e todos agradecem ao judô mental.

Ao contrário do caso de Charlie, onde o representante de vendas mudou o foco da educação formal para o impacto maior das atitudes de vendas, aqui o vendedor permanece com o conceito da paciência, mas muda o enfoque para o custo da paciência do ponto de vista do cliente.

REDIRECIONAMENTO

No campo de administração e seminários de vendas, onde as vendas podem facilmente ultrapassar os 100.000 dólares por pedido, por vezes escutamos o seguinte: "Naturalmente, você compreende, estaremos também entrando em contato com uma ou duas outras empresas da sua área."

Nós respondemos dizendo: "Obrigado por nos informar. Nós encorajamos os clientes para que comparem com outras companhias, e nós fazemos o mesmo quando tomamos decisões importantes. Se você quiser obter as melhores informações disponíveis, economizar o seu tempo e dinheiro, posso indicar duas grandes empresas do mesmo porte, cujos executivos freqüentaram quatro ou cinco seminários de apresentação de casos, através de algumas das empresas mais bem conhecidas do seu ramo. Ficarei contente em lhe fornecer os seus nomes, bem como as referências. Você pode perguntar-lhes o que eles descobriram e por que eles decidiram freqüentar o nosso seminário."

Nesse exemplo verdadeiro, concordamos com a necessidade de investigação e verificação de referências, e em seguida redirecionamos o enfoque, e em vez de o cliente conversar com um ou dois concorrentes, ele entra em contato com cinco ou seis dos mais conhecidos do ramo. Somos honestos no serviço aos nossos clientes, ajudando-os a aumentar suas opções.

UM TRUQUE MENTAL

Dentre uma grande quantidade de maneiras de lidar com objeções, a técnica do judô mental com a mudança de enfoque é a mais agradável e convincente tanto para o cliente como para o vendedor. É um truque mental. Não só você concorda completamente com o cliente, mas até mesmo reforça o que ele diz, fazendo com que você pareça totalmente inofensivo. Agora você usa a própria objeção do cliente e o alerta para as alternativas que têm até um melhor significado aos olhos dele. Isto torna possível mudar o enfoque de qualquer coisa no qual seu cliente esteja bloqueado, redirecionando as suas prioridades.

CONSIDERAÇÕES ÉTICAS

O judô mental é uma técnica eficaz. Seu poder origina-se do fato de que é tanto moderado quanto inovador. Isso, na realidade, faz com que seja uma das formas mais temidas de persuasão secreta em ação.

O uso do judô mental é justificado e é ético quando o cliente necessita verdadeiramente de um produto ou serviço e quando o produto ou o serviço é oferecido a um preço razoável. Muitos clientes perdem oportunidades de economizar ou ganhar dinheiro por causa dos jogos que eles fazem com os vendedores. O judô mental acaba com as jogadas, reeducando o cliente para as opções maiores e soluções melhores.

Ele diminui as chances de resultados falsos encobrirem a perspectiva do cliente. A objeção ao preço, por exemplo, é muitas vezes um problema superficial e é uma expressão da inércia. O fato de um produto ou serviço custar alguns dólares a mais ou a menos, raramente lhe revela seu custo em uso. Com a mesma indicação, não comprar um produto ou serviço necessitado pode fazer diferença com prejuízo para o cliente.

Quando uma empresa compra um novo equipamento, isso protege ou aumenta a sua margem de produtividade em relação ao concorrente. Quando um investidor compra uma mercadoria por um preço abaixo do normal, ele tira vantagem de uma oportunidade para ganhar dinheiro. Em casos como esses, um vendedor que não usa o judô mental está negligenciando a sua obrigação profissional. Há circunstâncias em que pode ser realmente antiético e prejudicial ao cliente não usar esta técnica quando necessário. O judô mental é uma força para um benefício.

REDIRECIONANDO O PONTO DE VISTA DO SEU INTERLOCUTOR

Bob era presidente da companhia e ex-congressista. Os artigos dos jornais descreviam-no favoravelmente como muito íntegro, sincero, independente, ultraconservador e inflexível. Após ter participado de um dos nossos seminários em administração durante três dias, ele convidou-me a fazer uma palestra para a sua equipe de gerência, com o propósito de fazermos votação para contratar ou não os nossos serviços. Havia 15 a favor e 1 contra, o dele. Visto que se sentia mais igual do que os outros, ele venceu. Após o almoço, voltamos à sua sala para reexaminar a sua decisão. Veja o que aconteceu:

Eu: "Bob, quero que você saiba que fiquei contente com a decisão de sua equipe e desapontado com a sua. Gostaria também que soubesse que isto não afeta o nosso relacionamento pessoal de modo algum. Sei que você é um homem íntegro, corajoso, e eu o respeito por isso."

Bob: "Obrigado. E a minha atitude não poderia ser outra."

Eu: "Quando você votou contra, deve ter tido as suas razões para fazê-lo. Agora que já passou, importa-se de me dizer as suas razões?"

Bob: "De jeito nenhum. O que você gostaria de saber?"

Eu: "Qual é a razão principal para votar contra, Bob?"

Bob: "É simples. Temos um bom grupo de gerentes. São pessoas capazes e trabalhadoras. Não há nenhuma razão por que precisaríamos de um consultor externo para mudar as coisas. Não me lembro de nenhuma vez em que meu pai (fundador de uma das maiores empresas do Estado) tenha usado os serviços de um consultor."

Eu: "Bob, fiquei muito impressionado com as pessoas que conheci nesta manhã. É fácil para mim acreditar que são profissionais e que fazem um bom trabalho. E sei que você é uma pessoa que não faz as coisas sem uma boa razão. Deixe-me perguntar: o que você tinha em mente quando me convidou para vir até aqui?"

Bob: "Bem, eu o observei enquanto fazia a sua palestra com outros grupos e quis que você discursasse para o meu pessoal e pusesse um pouco de lenha na fogueira. Muito honestamente, fiquei surpreso com a maneira como eles votaram."

Eu: "Obrigado pela sua sinceridade, Bob. Francamente, eu mesmo fiquei um pouco surpreso com a reação deles. E agora, vejamos. Você tem uma excelente equipe e desejosa de trabalhar arduamente. A minha pergunta é a seguinte: qual a sua opinião sobre a razão de quererem trazer-me para cá?"

Bob: "Porque eles não estão recebendo bonificação. Não estamos indo muito bem."

Eu: "O que acontecerá a eles e ao resto desta companhia se as coisas continuarem desta maneira?"

Bob: "Bem, estou preocupado porque se não conseguirmos modificar a direção do barco, e quero dizer logo, teremos que ir para o Sul."

Eu: "E quando será?"

Bob: "Ah, dentro de nove meses."

Eu: "Bob, quanto tempo você quer esperar?"

Bob: "(Após um momento de silêncio.) "Pegue a sua agenda. Quando você pode começar?"

"O que acontecerá se" é uma das técnicas de redirecionamento que podem fazer com que o seu interlocutor mude a sua perspectiva da realidade. O "o que acontecerá se" faz com que o seu interlocutor reflita sobre as conseqüências de sua decisão. Ele faz com que eles pensem mais claramente no futuro, no resultado. Numa era de gratificação instantânea, isto tem uma ampla aplicação.

Jack Nye estava preocupado. Um bom vendedor, ele só deixava ver a sua atitude crítica. As discussões repetidas com o gerente de vendas não tiveram nenhum efeito duradouro, a ponto de a companhia começar a pensar seriamente em demiti-lo. A pedido deles, Jack e eu passamos alguns momentos juntos.

Eu: "O que irá acontecer, Jack, se eles lhe disserem que já estão cansados de você e deixarem-no ir?"

Jack: "Não me importo. Conseguirei um outro emprego de vendas."

Eu: "Muito bem. O que acontecerá, então? Provavelmente as coisas não irão tão bem quanto você espera no outro emprego. Portanto, mais cedo ou mais tarde, você estará deixando-os loucos também. É uma boa possibilidade?"

Jack: "É uma possibilidade."

Eu: "E daí?"

Jack: "Conseguirei um outro emprego de vendas."

Eu: "Certo. Quantos anos, mais ou menos, você tem, Jack?"

Jack: "Trinta e sete. Por quê?"

Eu: "Bem, digamos que leva três anos até entrar na linha. Quanto tempo você espera para passar por aqueles ciclos?"

Jack: "(Após um longo silêncio.) "Isto pode parecer tolice, mas nunca pensei nisso dessa maneira, antes. É melhor eu fazer alguma coisa, senão não chegarei a lugar nenhum."

Eu: "Certo."

Jack tem critérios elevados, e quando o grupo interno de apoio mostrava qualquer tipo de desaprovação, ele não gostava. Agora que ele é um pouco mais prudente, ele trata o pessoal do apoio com as mesmas habilidades de persuasão que normalmente reserva aos seus clientes. A razão da mudança de seu comportamento foi imaginar-se sempre mudando de emprego sem maiores perspectivas de progresso.

Uma outra técnica de redirecionamento é: "Suponhamos que". Esta técnica soa bem aos ouvidos do seu cliente, porque não parece ameaçadora.

Como foi mencionado anteriormente, uma grande empresa quis que a sua equipe de serviço vendesse quando faziam visitas nas empresas e nas residências. No entanto, a equipe resistia porque acreditava que a venda aborrecia as pessoas. Eles acreditavam, também, que sua competência altamente técnica ficaria empanada pela falta de experiência em vendas, e que daria uma falsa imagem deles próprios e de seus serviços ao cliente. A técnica do "Suponhamos que" veio ajudar. Depois de terem recebido um bom treinamento eles adquiriram confiança para usar a técnica.

Martie Campbell estava terminando uma instalação.

Martie: "Suponhamos que, Sr. Goodenough, o senhor deseje ter um outro aparelho em algum outro ponto destes escritórios. Onde o senhor o colocaria?"

Sr. Goodenough: "Você sabe que não estou comprando nada."

Martie: "Compreendo, mas suponhamos que o senhor quisesse colocar um outro aparelho em algum lugar deste local. Onde o senhor acha que instalaria?"

Sr. Goodenough: "Bem, neste caso, sobre a mesa, perto da entrada."

Martie: "Hum, idéia interessante. Mas por que lá?"

Sr. Goodenough: "Por quê? Porque é o lugar mais acessível, não é necessário interromper ninguém, e provavelmente melhoraríamos o nosso serviço com ele."

Martie: "Boas razões. Que modelo o senhor escolheria?"

Sr. Goodenough: "Que modelo? Um de cor de creme, tamanho médio."

Martie: "Por que não um menor?"

Sr. Goodenough: "Porque é pequeno demais para a quantidade de trabalho que temos para concluir."

Martie: "Bem, é uma boa razão. Deixe-me fazer uma pergunta: visto que aquele é o lugar mais acessível e o senhor não precisa interromper ninguém, e ao mesmo tempo melhora o seu trabalho e que há necessidade de um aparelho, por que não economizar e mandar instalar um, enquanto estou aqui? Se o senhor encomendasse mais tarde, e eu tivesse que voltar para instalá-lo, seria um outro preço. Deste modo, o senhor sabe que economizará 80 dólares."

Sr. Goodenough: "Ah é? Hum. Certo. Boa idéia. Vamos fazer assim."

O "Suponhamos que" é um instrumento de múltiplas aplicações. Em primeiro lugar ele parece ser tão inofensivo, que o cliente se permite discutir a respeito. Em segundo lugar, a pessoa que está atuando amplia o pensamento do cliente e faz com que ele coloque e focalize as razões positivas para ter o aparelho. Em terceiro lugar, ela faz com que o cliente dê a sua sugestão e que ele mesmo formule os detalhes do negócio, convencendo-se a si próprio. Em quarto lugar, ela utiliza um comando embutido quando afirma: "Suponhamos sr. Goodenough, que o senhor possa ter um outro aparelho." Os grandes vendedores fazem isso inconscientemente na maioria das vezes. Em quinto lugar, ela tocou no ponto vital ao afirmar que ele economizaria 80 dólares agora, um ponto decisivo de menor importância. Em sexto lugar, ela fica conhecendo a característica de compra do cliente e aproveita muitas oportunidades para elogiar a sua maneira de pensar.

No seu aspecto menos importante, o "Suponhamos que" provou ser um truque eficiente de abertura no salão de dança de um clube noturno, como demonstrou um dos participantes do nosso seminário. Um homem baixo e de cabelos grisalhos convidou uma jovem mulher mais alta e muito atraente para dançar e foi friamente rejeitado. Ele voltou para a nossa mesa, tomou alguns goles de vinho, disse que tinha um plano, e logo em seguida os vimos dançando.

— Como você conseguiu? — perguntamos.

— Eu usei o "Suponhamos que".

— Ah, é? Como?

— Eu cheguei até ela e disse: "Eu sei por que você não quer dançar comigo. É a minha altura, certo?" Ela disse: "Certo". Então, eu lhe disse: "Eu não quero casar-me com você. Suponha apenas que eu tivesse 1,85 m e 34 anos de idade. Você dançaria comigo?" Ela disse que "sim" sorrindo. Ela tomou-me as mãos, e logo em seguida estávamos dançando."

O último exemplo do "Suponhamos que" tem a ver com a escolha de um novo modelo de carro. Uma amiga minha, pesquisadora, visitou várias revendas e descobriu que dentro de suas possibilidades, os carros japoneses eram os mais acessíveis. Ela tinha um modelo em mente. Eu lhe sugeri que verificasse um relatório de acidentes na sua área, fazendo lista de carros envolvidos e comparar os custos de conserto entre os modelos americanos e japoneses.

Para a sua surpresa, os càrros americanos provaram serem não somente os mais seguros, mas também custarem menos para serem consertados. Como resultado do redirecionamento do seu ponto de vista, ela comprou um carro americano.

Existe uma variedade de técnicas para mudar o ponto de vista de outras pessoas, incluindo objeções quanto ao preço, modo de falar, qualidade, experiência anterior ruim, problemas de personalidade, e outros. Todos nós temos cinco sentidos e filtramos todas as nossas experiências e preconceitos. Muitas vezes temos um falso conceito a ponto de ferirmos a nós mesmos. A mudança de enfoque ajuda-o a expor ao seu cliente os fatores que ele deixou de considerar. A mudança de enfoque permite a você fazer um melhor serviço.

16

TRANSAÇÕES EXCEPCIONAIS *

OS DOIS SIGNIFICADOS DA TRANSAÇÃO EXCEPCIONAL

Qualquer operação de um dígito seguido por seis, sete ou oito zeros é chamada de *transação excepcional*. Por extensão, também são chamados de *transações excepcionais* aqueles clientes responsáveis por pedidos que representam uma parte significativa das encomendas feitas no mercado. Usamos a expressão *transação excepcional* para indicar o contrapeso de centenas de pedidos que você teria de obter para igualar o seu volume e lucro. Este tipo de transação comercial é extremamente complexa e introduz muito mais complexidades no processo de venda do que o simples contato pessoal com o cliente. Cada associação possui as suas tradições e monstros sagrados, suas regras não escritas, sua cultura e filosofia, seus gatilhos positivos e negativos, e sua política interna. Assim como cada um de nós possui um padrão característico de compra — seja um carro, um videocassete, ou uma casa — também uma empresa tem suas maneiras distintas de comprar. Assim como eu e você reagimos às palavras e idéias relacionadas à emoção, um cliente de uma empresa faz o mesmo.

O vendedor novato, quando tenta fazer uma *transação excepcional* com umas dessas grandes empresas, tem a impressão de estar perdido numa selva. O que os caçadores de grandes negócios têm que valha a pena imitar? Em primeiro lugar, eles sabem como farejar um território desconhecido que é o campo de atividade de seus novos clientes e eles fazem isso com freqüência, antes de iniciarem a transação. Nos corredores dos departamentos de vendas, os termos militares do tipo obter informação sobre os clientes são familiares.

---

* Decidimos traduzir *big ticket* por transações excepcionais por ter mais sentido dentro do contexto. Literalmente, *big ticket* significa o *grande bilhete*, a *sorte grande*. (N. R. T.)

171

Os caçadores de grandes negócios procuram identificar-se e tornar-se pessoalmente conhecidos daqueles que tomam decisões. Eles são alertas aos que influenciam de maneira positiva, à oposição leal, aos indecisos, e àqueles que engavetam as coisas. Nesse tipo de jogo, é preciso mais do que atenção com as pessoas ou habilidades de persuasão. É preciso todo um brilho (inteligência informal) e uma conduta influente. É preciso bom senso, paciência, desenvoltura, persistência, e instinto de sobrevivência. Uma grande transação comercial é, para a venda comum, o que o ônibus espacial é em relação a um avião. Ambos voam, mas um é imensamente mais complexo, difícil de decolar e posar com segurança. Além disso, uma vez lá em cima, o ôn' bus espacial transporta você para mais longe, com mais rapidez, e mais alto do que qualquer avião. É uma experiência muito mais emocionante.

TRÊS MANEIRAS DE ABORDAR UMA EMPRESA

O processo de comunicação no interior de uma empresa e na grande transação comercial têm algo em comum. Na comunicação interna de uma empresa, 20 por cento da essência de uma mensagem ficam perdidos entre cada escalão. A comunicação vertical debaixo para cima não vai além daqueles que as formularam por causa do problema de reinterpretação e das agendas ocultas. A comunicação lateral tem a vantagem de possibilitar uma excelente comunicação entre os colegas, ficando apenas 5 por cento perdidos entre uma pessoa e outra, mas fica desgastada porque precisa ainda ser transmitida verticalmente para que seja divulgada na organização inteira.

Nas grandes transações comerciais o processo de cima para baixo é o mais veloz, mas pode perder a sua eficácia quando passa pelos diferentes estádios da administração. O profissional de vendas não pode contar com nenhuma certeza quando faz passar o produto ou o serviço através dos escalões. O lateral é mais lento e requer até mais esforço para ser passado de um subordinado para outro até chegar aos altos executivos. O vertical de baixo para cima raramente vence a atração natural da gravidade, e como a comunicação de uma associação, ele não atinge o topo, mas tem havido exceções importantes. O que isto significa é que vender para grandes empresas por si só não é difícil, mas fazer grandes transações comerciais, sim.

Cada abordagem tem suas vantagens para o cliente, assim como para o representante de vendas e depende do orçamento do cliente e de influências. Por exemplo, um funcionário de associação pode rejeitar o seu serviço, porém as divisões que têm recursos podem acolher você com os braços abertos. De modo geral, existe uma melhor maneira, e muitas vezes é a única maneira. Ao vender serviços de consultoria em grande escala, tal como examinar a estrutura organizacional ou identificar perdas significativas de lucro, a melhor abordagem é a dos executivos. Sem o interesse sincero e a permissão destes, não pode haver venda. E por boas razões. Quem pode autorizar uma remuneração em grande escala e quem tem autoridade para pedir esse tipo de empreendimento, senão o executivo-chefe?

A abordagem vertical de cima para baixo é também utilizada quando levantamentos e análises de toda a companhia podem revelar economias potencialmente grandes em termos de tempo e material. Esta abordagem pode atrair os grandes executivos de mentalidade rígida, porém, ter pouca receptividade por parte dos executivos interessados na administração participativa, e gerar uma resistência aberta por parte dos operadores de máquinas e funcionários menos graduados que conhecem melhor o trabalho e que sequer foram consultados. Os estrategistas que trabalham com altas transações comerciais conhecem a diferença entre realizar uma venda e ter um cliente. A venda é apenas o bilhete de entrada. Depois é que começa o verdadeiro trabalho.

A rota lateral conduz até o diretor de divisão ou diretor de departamento, tal como o vice-presidente de recursos humanos ou diretor de telecomunicações. Mesmo quando eles compram a sua proposta, eles ainda têm que vendê-la para os de cima, o que significa que, para ganhar aceitação, eles têm que lutar por você. A reputação deles corre perigo, e serão bem-sucedidos se a transação também o for. Eles marcam reuniões para que outros também comprem a idéia e fiquem no mesmo barco. Isso leva tempo. Muitas vezes eles são mais receptivos para com um corredor de provas, um piloto, ou qualquer coisa que constitua um modelo, antes que dêem seu pleno endosso. Os profissionais de vendas oferecem suas habilidades especiais para vender o produto ou oferecer os serviços para a empresa. Eis por que a abordagem lateral leva mais tempo e por que a quantia envolvida é menor no início. Nas empresas muito formais, acomodar-se no nível intermediário de administração pode facilitar a sua tarefa de alcançar o estádio superior, que é o mais difícil. Se passar por cima deles sem o seu consentimento, eles perderão a confiança que depositaram em você. O resultado da estratégia lateral pode ser o de conseguir resultados numa das partes da empresa, enquanto outras partes podem ficar fechadas por razões políticas. A acomodação lateral é o caminho mais difícil para as grandes transações comerciais, simplesmente porque mais obstáculos têm que ser vencidos.

A estratégia vertical de baixo para cima começa em geral com uma venda comum em um nível inferior do processo de decisão, o

173

qual pode evoluir para grande transação, como resultado do seu excelente produto, serviço e sensibilidade no momento. Podem passar anos enquanto você cresce junto com seu cliente. Nas grandes indústrias por exemplo, esse tipo de abordagem que ramifica tem sido o caminho preferido, que pode culminar numa transação excepcional. Se você cultivar anos de amizade e lealdade com homens e mulheres da fábrica, o seu concorrente terá grande dificuldade em substituí-lo. O conceito de círculo de qualidade, quando seguido e administrado com adequação, favorece a estratégia vertical de baixo para cima.

OS VERDADEIROS PROBLEMAS E OS IMAGINÁRIOS

Um dito popular em vendas afirma que pessoas desocupadas têm tempo de sobra e nenhum dinheiro, e as pessoas ocupadas têm dinheiro de sobra e nenhum tempo. É difícil chegar até o presidente executivo e mais ainda é conseguir marcar uma entrevista. Mas uma vez que ele lhe dá uma chance, as coisas começam a andar. As estatísticas disponíveis mostram que você economiza meses, algumas vezes anos, quando você apresenta seu produto ou serviço e a si próprio ao chefe, de maneira adequada. E isso não apresenta nenhuma dificuldade especial quando você tem muitas coisas em comum, tal como idade, educação, experiência, sexo, e nível social. Mas se houver uma diferença ou algumas barreiras reais ou imaginárias? E se você for uma mulher de 25 anos de idade, ganhando 35 mil dólares por ano e o presidente executivo que você for visitar tiver o dobro da sua idade, com rendimentos cerca de dez vezes maiores? O que vocês dois têm em comum a não ser suas diferenças? Sobre o que vocês iriam conversar? O que isso significaria para a sua autoconfiança?

Faça o que qualquer grande vendedor faria. Prepare-se em casa, fazendo com que o seu centro de influência prepare o caminho para apresentá-la de maneira brilhante. Deixe-o marcar um encontro e "venda" a si mesma antecipadamente. Consiga todas as estatísticas importantes sobre o seu cliente — idade, família, crianças, educação, carreira, áreas especiais de interesse, *hobbies*, esporte, viagem e religião. Quanto mais você souber, menores serão as surpresas, os passos errados, e maior será a sensação de serena autoconfiança. Se você não tiver nenhum centro real de influência, consiga mais informações possíveis de quem lhe deu a orientação. Se lhe faltam as referências necessárias, procure ao sistema de referências autocriadas descrito no capítulo 11. E se o seu alvo estiver a milhares de quilômetros, talvez na Europa ou na Ásia? Novamente, iguale-se aos grandes vendedores, fazendo a sua própria pesquisa. Várias agências de consultoria, privadas e públicas podem fornecer informações sobre companhias e governos estrangeiros. Nada supera uma boa preparação, mesmo quando lhe disserem para fazer uma chamada telefônica agora mesmo para um grande cliente. E por fim, prepare-se para uma variedade de evasivas e objeções, treinando um pouco de judô mental e técnicas de redirecionamento, descritos no capítulo 15. Isso fará maravilhas para a sua auto-imagem.

CARA A CARA COM O DIRETOR-PRESIDENTE

A maneira mais fácil de superar o medo em relação a outra pessoa é decidir gostar dela. Seus olhos e a voz dão sinal daquilo que está sentindo, sem uma ajuda extra da sua parte. Tenha algo em sua mente ou à mão para começar a entrevista. Ao fazer o acompanhamento da fala, do estado de espírito e da linguagem corporal, automaticamente você estará concentrando-se no cliente, esquecendo a si próprio. Responda na linguagem preferida dele, seguindo os seus movimentos oculares, quando ele olha para a direita e depois para baixo, por exemplo, diga: "Como você pode imaginar..." e "Você logo sentirá o impacto do..." Isto favorece a confiança e harmonia no relacionamento, sem a percepção consciente do cliente. A confiança pode ser fortalecida posteriormente com algumas afirmações auto-reveladoras (faça o acompanhamento daquilo que é indubitavelmente verdadeiro), e obtenha a permissão para fazer algumas perguntas pertinentes, como foi descrito nos capítulos 7 e 8. O presidente executivo pode decidir-se a apresentá-lo para outros na empresa ou continuar trabalhando com você. Em todo caso, você estará fazendo bons progressos, pois você é um ouvinte inteligente, um observador arguto, e sabe responder no alvo. O cliente virá a aceitá-lo e a respeitá-lo e se tornará seu aliado, não importa qual seja a sua idade ou sexo. Como uma demonstração de boas maneiras da sua parte, você irá agradecer por escrito, sem que, no entanto, esta contenha uma mensagem de venda.

ESTRATÉGIA DO ALTO PARA BAIXO

Assim como o caçador de grandes negócios aluga os serviços de um guia local, o vendedor de grandes transações comerciais encontra um protetor. Uma empresa pode ter funcionários pouco amáveis e um passado de areias movediças de onde você tem que sair. O poder, influência e política movem-se como areia, à medida que os funcionários e diretores da associação são movidos para novas responsabilidades.

O executivo-chefe é o seu melhor protetor. Quando você for bem-sucedido ao fazer uma apresentação e ele, por sua vez, apresentá-lo aos seus subordinados, suas chances de vender para eles são boas. Mesmo que ele concorde apenas em apertar sua mão e se refere ao seu nome para outros diretores, no mínimo você está sob sua proteção. Violar esse princípio levará meses, muitas vezes anos, até atingir o mesmo resultado.

Outro bom guia é um centro de influência, isto é, uma pessoa da companhia ou de fora, que conseguiu, no decorrer dos anos, desenvolver uma influência sobre as pessoas que tomam decisões. Normalmente um confidente, um funcionário ou um diretor pode ser especialmente valioso para você.

Como você poderia arranjar um encontro com aqueles que decidem e os centros de influência que você não conhece ainda? Através de outros clientes da mesma posição e que darão boas referências a seu respeito. Poderia você também poder criar as suas próprias referências internas, como foi descrito no capítulo 11.

CRIANDO SUAS PRÓPRIAS REFERÊNCIAS

Em muitas companhias, outros funcionários além do presidente executivo podem ser receptivos ao seu caso, dando, então, orientação sobre como proceder. Se ficarem impressionados com o que ouvem, eles podem agir como uma correia transmissora para você.

Eu estava vendendo um serviço para uma empresa multinacional, uma construtora de transportadores de equipamentos e veículos, mas não tinha nenhuma referência para dar a eles. Como de costume, decidi visitar o funcionário associado de mais alto grau que pudesse me receber, e fiquei animado por ter-me concedido uma audiência. O homem ouviu a minha estória e disse-me exatamente como proceder e permitiu que eu o tivesse como referência. Eu segui seus conselhos e consegui encontrar-me com quem tomava realmente as decisões, o diretor-vice-presidente. Êxito? Longe disso. Após ter-me encontrado com ele algumas vezes, o diretor-vice-presidente falou a meu respeito para seus colegas diretores subordinados individualmente. Percebi que estava realizando uma corrida contra obstáculos sem nenhuma garantia de sucesso. Felizmente, foi-me permitido verificar a "temperatura" das vendas realizadas pelo diretor-vice--presidente de tempos em tempos para me certificar do seu contínuo apoio. Fizemos um acordo também, de que eu poderia expressar a minha inquietação com relação aos encontros possivelmente negativos com outros. Eu poderia também comunicar-lhe qualquer tática de protelação ou resistência que eu sentisse por parte de outras

176

pessoas para que ele pudesse preparar sua própria marca de moderada persuasão. Derrubando uma barreira após outra e finalmente com o sucesso à vista, corri diretamente para a sala do vice-presidente de Recursos Humanos.

O encontro foi um desastre desde o início. O homem tinha seus próprios compromissos e era cheio de si. Eu comuniquei a minha apreensão ao meu contato e pedi socorro. E consegui. Pouco tempo depois todo mundo estava no barco, e a companhia fez o pedido.

Eu tive êxito por várias razões, mas consegui sobreviver por causa de três: em primeiro lugar, certifiquei-me de que o diretor-vice-presidente em pessoa se interessasse por mim. Em segundo lugar, segui o padrão de decisão que ele tinha estabelecido. E em terceiro lugar, informei-lhe do resultado de cada entrevista que apresentava dificuldades. Pelo fato de eu ter construído um salva-vidas da comunicação, o diretor-vice-presidente foi capaz de chegar a um consenso. Um funcionário com que se possa contar vai ajudá-lo a evitar erros. Um protetor pode orientá-lo no meio da perplexidade.

VENDENDO PARA UM COMITÊ

Inicialmente, é importante fazer uma distinção entre um grupo interno e um externo, principalmente quando se trata de apresentação e estratégia. Todo presidente de empresa, todo presidente de sindicato sabem por experiência própria que um grupo não se comporta como a soma de suas partes. Principalmente hoje em dia, com uma administração mais participativa, um presidente pode prontamente acatar a opinião de um subordinado no momento da decisão final. Isto serve como advertência para que ninguém numa delegação seja rebaixado ou ignorado. Além disso, cada comitê tem a sua personalidade própria que pode trabalhar a favor ou contra você. De alguma maneira, alguém irá assumir o papel de advogado do diabo ou procurador enquanto você faz a sua apresentação. Visto que isto é uma possibilidade estatística, você deve estar preparado para desarmar a objeção por meio de perguntas e respostas antes que ela surja. Seus ouvintes ficarão favoravelmente impressionados com a sua abordagem equilibrada e a imparcialidade.

Você irá cobrir todas as bases informativas, falando com termos auditivos, visuais e cinestésicos. Todos os ouvintes ficarão absortos com a sua linguagem e com suas descrições.

Há duas razões para isso. Quando você se expressa na linguagem sensorial favorita dos seus interlocutores, eles acham isso fácil de ouvir. Quando você fala numa outra linguagem sensorial fica muito mais difícil ouvir, pois exige deles uma concentração maior. Utilize todos os três canais de informação — auditivo, visual e cinestésico — ao falar para um grupo, e assim você poderá cobrir todas as bases.

Alguns dos maiores vendedores enfatizam a importância de ter um contato visual com cada pessoa da audiência, mesmo que por alguns minutos. Eles fazem isto para reconhecer cada pessoa individualmente. Eles também apertam pessoalmente a mão de cada um, se possível, para fortalecer o vínculo. Seguindo seus exemplos e usando as linguagens auditiva, visual e cinestésica, é possível estabelecer um forte vínculo entre você e cada indivíduo da sua audiência.

Se o tempo e a situação geográfica permitirem, sugerimos que converse com alguns dos participantes da palestra antes do dia da apresentação. Geralmente a sua melhor escolha é fazer um ensaio geral só com quem toma as decisões. Ao rever a sua apresentação e dando a sua opinião a respeito, ele realmente se tornará seu aliado.

E o que é melhor, esta estratégia dos encontros individuais com cada um dos membros da comissão, embora gaste tempo, quase sempre assegura os melhores resultados finais. Em primeiro lugar, você estabelece a confiança e *rapport* com as pessoas, em segundo lugar, você fica sabendo dos interesses e discernimentos de cada um; e em terceiro lugar, cada membro fica conhecendo a sua apresentação, capacitando-os a entender os pontos críticos.

RSVP * O MEU PDO **

O Processo de Vendas Começa Quando o Cliente Diz Não é o título de um velho livro sobre a habilidade de vender. A partir das minhas observações pessoais no trabalho com outros e estando bastante envolvido nas grandes transações comerciais, lhe reformularia o título para *O Processo de Vendas Começa Quando o Cliente Hesita e Protela*. Muitos dos homens de negócio que conhecemos estão tão preocupados com os confrontos, que eles não se dão a permissão de serem razoavelmente diretos e sinceros. Mas o que isso tem a ver com um pedido de orçamento? Muitos vendedores, mesmo aqueles experientes, acreditam que um PDO equivale a uma expressão de sério interesse. Em muitos casos não é assim. Mas é o mesmo que "Envie-me um panfleto".

O que você poderia fazer para evitar a perda de tempo e de esforço fazendo orçamentos? E o que você pode fazer para vender o que está no orçamento? Você acha que o pedido do cliente é uma

---

* Sigla de *répondez, s'il vous plaît* (responda, por favor). (N. T.)
** Sigla de pedido de orçamento.

expressão de sério interesse ou uma maneira de terminar a entrevista? Se você tem dúvidas, peça a permissão de fazer perguntas específicas do tipo: quem mais tem o poder decisório, além dessa pessoa? Quando elas podem estar todas presentes na apresentação das suas propostas? Que tipo de pessoas são elas? Não seria uma boa idéia receber suas informações em primeiro lugar? Quando eles irão querer que entreguem, admitindo-se que tudo esteja acertado? O que teria de acontecer para que seus interlocutores sintam-se bem com a proposta? O que eles estariam vendo e ouvindo? Você deveria enviar o orçamento pelo correio? A nossa experiência mostra que isso gera uma porção de perguntas, que nos permitem ajustar o nosso produto ou serviço às suas necessidades.

Alguns dos nossos importantes clientes subcontratantes pareciam investir mais tempo escrevendo orçamento do que em qualquer outra atividade de negócios. Nós contamos a proporção de orçamento enviados em relação aos contratos assinados, elevamos o nível das condições e melhoramos a proporção dos contratos concedidos de 1 em cada 11 para 1 em cada 3. Esta proporção nos mostrou ser seletiva demais, pois filtramos muitíssimos casos limites. Como resultado, abaixamos o nível na proporção de 1 em cada 4 e obtivemos um resultado compensador no rendimento dos negócios.

Algumas das minhas maiores vendas foram fechadas num aperto de mão com o Presidente da empresa, independente de uma proposta formal no início. Subseqüentemente preparávamos uma, como confirmação. Suponhamos que o habitual na sua indústria seja um PDO? Como você controla a situação? Onde for possível seja o último a submeter suas propostas, e faça isso pessoalmente. Examine os detalhes principais e faça a venda. Peça permissão para fazer perguntas, para que você possa ajustar o projeto ao máximo possível ao cliente. Se estiver tendo sérias dificuldades e sentir que não conseguirá fechar o contrato, sugira pequenos testes, estudos sobre possibilidade, ou uma instalação experimental, para que você possa aprender mais como apresentar um serviço excelente para esse cliente agora e depois.

Estabeleça e consolide relacionamentos com os que detêm o poder decisório e de influências. Faça com que eles conheçam você e a sua dedicação profissional. Ganhe sua confiança e respeito, verifique a precisão de sua percepção do estilo de comportamento deles e do preconceito quanto à informação, e faça o acompanhamento da sua maneira de falar, da linguagem corporal e faça a ponte-para-o-futuro. Um grande vendedor é também aquele que resolve problemas, traduz os aspectos mais importantes, e cria um clima emocional propício. Siga esses passos e você ultrapassará suas expectativas.

O TREINAMENTO NO BRASIL

No Brasil, a UP Level Training Systems, nossa associada, é a única autorizada a dar treinamento e consultoria com estas técnicas.

Contatos com a UP Level poderão ser feitos escrevendo para:

Gilberto Craidy Cury (Presidente)
UP Level Training Systems
Rua Camilo Nader, 300 - 14.º Andar
05688 - São Paulo - SP

Donald J. Moine e *John H. Herd*

Livros de Programação Neurolingüística

APRENDIZAGEM DINÂMICA — Vol. 1
Robert B. Dilts e Todd A. Epstein

APRENDIZAGEM DINÂMICA — Vol. 2
Robert B. Dilts e Todd A. Epstein

ATRAVESSANDO — Passagens em psicoterapia
Richard Bandler e John Grinder

CRENÇAS — Caminhos para a saúde e o bem-estar
Robert Dilts, Tim Hallbom e Suzy Smith

ENFRENTANDO A AUDIÊNCIA
Recursos de Programação Neurolingüística para apresentações
Robert B. Dilts

A ESSÊNCIA DA MENTE — Usando seu poder interior para mudar
Steve Andreas e Connirae Andreas

A ESTRATÉGIA DA GENIALIDADE — Vol. I
(Aristóteles, Mozart, Sherlock Holmes, Walt Disney)
Robert B. Dilts

FOTOLEITURA — O sistema Whole Mind
Paul R. Scheele

A GERÊNCIA DE SI MESMO — 2ª Edição — Revista e ampliada
Antônio Walter de A. Nascimento

INTRODUÇÃO À PROGRAMAÇÃO NEUROLINGÜÍSTICA
Como entender e influenciar as pessoas
Joseph O'Connor e John Seymour

KNOW-HOW — Como programar melhor o seu futuro
Leslie Cameron-Bandler, David Gordon e Michael Lebeau

O Método Emprint — Um guia para reproduzir a competência
Leslie Cameron-Bandler, David Gordon e Michael Lebeau

Modernas Técnicas de Persuasão — A vantagem oculta em vendas
Donald J. Moine e John H. Herd

Mudando o Seu Destino
Novos instrumentos dinâmicos de astrologia e de
visualização para formar o seu futuro
Mary Orser e Richard Zarro

PNL e Saúde
Recursos de programação neurolingüística para uma vida saudável
Ian McDermott e Joseph O'Connor

O Refém Emocional — Resgate sua vida afetiva
Leslie Cameron-Bandler e Michael Lebeau

Resignificando — PNL e a transformação do significado
Richard Bandler e John Grinder

Sapos em Príncipes — Programação neurolingüística
Richard Bandler e John Grinder

Soluções — Antídotos práticos para problemas sexuais e de relacionamento
Leslie Cameron-Bandler

Sucesso em Vendas com PNL
Recursos de programação neurolingüística para profissionais de vendas
Joseph O'Connor e Robin Prior

Terapia Não-Convencional
As técnicas psiquiátricas de Milton H. Erickson
Jay Haley

Transformação Essencial — Atingindo a nascente interior
Connirae Andreas com Tamara Andreas

Transformando-se... — Mais coisas que você não sabe que não sabe
Steve Andreas e Connirae Andreas

Treinando com a PNL
Recursos de programação neurolingüística para administradores,
instrutores e comunicadores
Joseph O'Connor e John Seymour

Usando sua Mente — As coisas que você não sabe que não sabe
Richard Bandler

www.gruposummus.com.br

IMPRESSO NA
sumago gráfica editorial ltda
rua itauna, 789 vila maria
02111-031 são paulo sp
tel e fax 11 **2955 5636**
sumago@sumago.com.br